国际经典“演说之禅”纪念版献礼套装

影响了一代人的幻灯片设计和演讲秘籍

加尔 · 雷纳德

国际知名的沟通顾问和畅销书作

互联网最具影响力的100人之一

《演说之禅》

已被翻译成17国文字，全球销量过100万册

《演说之禅》是指导思想，非方法

用全新的、与时俱进的方式解密幻灯片演说，展示了如何利用简约原则和讲故事的方式与观众建立良好的联系

《设计之禅》是设计思路，是方法

如何设计漂亮的幻灯片以及为什么要这样设计，从设计师的角度讲述了如何把握构思、排版、色彩、图像、图形等基本演示要素

《裸演说》返璞归真于自然

用简单的道理帮助读者在演讲时更好地与听众建立自然的关系，从而达到强大、有效和令人印象深刻的演讲效果

国际国内名家荐语节选

《演说之禅》改变了我和客户的生活。

——卡迈恩·加洛　《乔布斯的魔力演讲》作者

加尔开创了全新的领域，他指导了整整一代沟通者，让他们可以做得更好。

——塞斯·高汀　传奇演说家

《演说之禅》是当之无愧的经典。

——丹尼尔·平克　《驱动力》和《全新思维》作者

通过这本书，成为比自己之前更好的观点表达者。

——周晓鹏　阿里巴巴文化娱乐集团副总裁

《演说之禅》通过故事、情感、语言、视觉呈现饱含生命力的演说。这是一门艺术，极简至美。

——顾叶　携程旅行网人力资源总监

《演说之禅》值得每个期望提高自己演说能力，提升幻灯片展示水平的职场人士认真阅读。

——唐毅　印象笔记董事长兼CEO

参禅悟道，这本书帮你重新认识演说。

——廖仕健　十点读书副总裁

《演说之禅》绝对是演说领域不可错过的鼻祖书籍。

——高三平（@三爷）《演说之法：PPT高手思维秘籍》作者

《演说之禅》讲的很多理念、方法，都是比较超前的。

——雅客　《PPT设计原理》作者

《演说之禅》无论是在PPT设计还是演讲方面，都对我产生了颠覆性的影响。

——李参　职业培训师，《印象笔记留给你的空间》作者

《演说之禅》奠定了我关于制作幻灯片和当众演讲的认知体系和审美标准。

——邱岳　“二爷鉴书”公众号作者

裸演说

职场达人的演讲秘笈

【美】Garr Reynolds 著
王佑 汪亮 译

The Naked Presenter

Delivering Powerful Presentations With or Without Slides

電子工業出版社
Publishing House of Electronics Industry
北京•BEIJING

内容简介

本书的作者是一位世界著名的演讲和演示专家，先后撰写了《演说之禅》和《设计之禅》等书籍。这本书是前两本书的姐妹篇。作者通过生动的示例和形象的比喻回答了演讲者的困惑：如何了解听众，如何准备演讲，如何抓住听众的心，如何在演讲中使用故事，如何制造演讲中的起伏和变化，如何让听众参与演讲，等等。

无论是初学者，还是有经验的演讲者，本书都可以帮助他们明晰演讲过程中需要遵循的重要原则。让演讲者可以更好地与听众建立自然的关系，从而达到强大、有效和令人印象深刻的演讲效果。

版权贸易合同登记号　图字：01-2011-2173

图书在版编目（CIP）数据

裸演说：职场达人的演讲秘笈 /（美）加尔·雷纳德（Garr Reynolds）著；王佑，汪亮译. — 北京：电子工业出版社，2020.10

书名原文：The Naked Presenter:Delivering Powerful Presentations With or Without Slides

ISBN 978-7-121-38275-8

Ⅰ. ①裸… Ⅱ. ①加… ②王… ③汪… Ⅲ. ①演讲－语言艺术－通俗读物 Ⅳ. ①H019-49

中国版本图书馆CIP数据核字（2020）第029615号

责任编辑：张慧敏　石　倩
印　　刷：北京富诚彩色印刷有限公司
装　　订：北京富诚彩色印刷有限公司
出版发行：电子工业出版社
　　　　　北京市海淀区万寿路173信箱　　邮编：100036
开　　本：720×1000　1/16　印张：12.5　字数：230千字　彩插：2
版　　次：2020年10月第1版
印　　次：2020年10月第2次印刷
定　　价：79.00元

凡所购买电子工业出版社图书有缺损问题，请向购买书店调换。若书店售缺，请与本社发行部联系，联系及邮购电话：（010）88254888，88258888。

质量投诉请发邮件至zlts@phei.com.cn，盗版侵权举报请发邮件至dbqq@phei.com.cn。

本书咨询联系方式：010-51260888-819，faq@phei.com.cn。

本书评价

许多关于幻灯片演示方面的书籍仅仅谈到了目光交流和手势动作等简单的话题，而加尔却深刻地将禅的理念运用于幻灯片演示当中，使演说者与听众之间构建起一种可靠的关系。本书对所有需要做演说的人来说都是一本不可多得的佳作。

——南希·杜瓦特（Nancy Duarte），杜瓦特设计公司CEO，《演说：用幻灯片说服全世界》一书的作者

你可以用以下三个词概括加尔本人及其作品的精髓：美丽、逻辑和亚洲。书中的原创观点非常值得一看。

——赛斯·高汀（Seth Godin），*This is marketing*一书的作者

我每年大约要做80～100场演讲，这成了我的全职工作。但演说对促进公司业务是一种必不可少的途径，该模式如此成功的原因是，我将加尔讲过的每句话都熟记于心。与其说我是阅读了他的文字，不如说是深刻领悟了其中的奥秘。这是一本具有时代意义的书。能否做出优秀演说，其秘诀在于要把所有的注意力集中在听众和演说的内容上面。现在，加尔向全世界分享了这个秘密（以及教我们如何去做）。感谢你，加尔！

——米奇·乔尔（Mitch Joel），Twist图像公司总裁，*Six Pixels of Separation*一书的作者

你或许观看过TED大会的演讲视频，或者见过像汤姆·彼得斯（Tom Peters）那样能够掌控舞台，令观众为之倾倒的人。但你是否知道，其实你也可以同样地呈现出高水平的幻灯片演说。通过“裸演说”的方式就可以达到。我将这些方法运用到了实际的演说当中，事实证明它们确实有效。这样一来，你的听众会对你的演说赞不绝口，再也不会因为演说过程无聊而用手机发微博打发时间了。

——罗伯特·斯考伯（Robert Scoble），视频博主、技术狂人，*Naked Conversations*一书的作者之一

目录

致谢

我要感谢以下各位给予我的帮助：

感谢我的编辑Karyn Johnson的建议和耐心。

感谢Mimi Heft的书册设计。

感谢制作编辑Hilal Sala的才干和耐心。

感谢Kim Scott的文字排版。

感谢Sara Jane Todd在市场营销方面做出的努力。

感谢Nancy Duarte和Mark Duarte，以及Paula Tesch、Krystin Brazie等硅谷杜瓦特设计公司（Duarte Design）工作员工的大力支持。

感谢Seth Godin、Mitch Joel、Robert Scoble和Guy Kawasaki给予我的指导和灵感。

感谢Deryn Verity、Keiji Enomoto和Davide Giglio对本书的建议。

感谢Jumpei Matsuoka和其他iStockphoto.com员工给予我的支持。

感谢设计师Mayumi Nakamoto在我需要帮助时总能伸出援助之手。

特别感谢Chris Craft、Pam Slim、Phil Waknell，以及Les Posen为本书做出的贡献。

还要感谢那些为本书提出过自己的想法和为我带来灵感的人们，他们是Debbie Tho rn、CZ Robertson、Ric Bretschneider、Howard和Rachel Cooperstein。感谢Mark和Liz Reynolds在海滩边提供给我的精美便笺簿。

感谢日本商业界和设计界人士，包括Shigeki Yamamoto、Tom Perry、Darren Saunders、Daniel Rodriguez、David Baldwin、Nathan Bryan、Jiri Mestecky、Doug Schafer、Barry Louie、Michael Bobrove、Daniel Kwintner、Keizo Yamada和Yuko Nakaoka。感谢东京Patrick Newell的贡献和与我的友谊。

感谢日本关西外国语大学Reiko Hiromoto的远见和建议。同样感谢每天与我在星巴克见面微笑的Maho Fujino以及所有员工。

我还要感谢所有订阅和阅读我“演说之禅”博客的朋友们，是他们在过去的几年里与我分享了各种故事和案例，其中包括新西兰的Olivia Mitchell、Mike Brown和Natasha Lampard。

最后，我要感谢日本的妻子和女儿带给我的每一天的快乐时光。

表达真实的自己比什么都重要。

——铃木俊隆（日本禅师）

1

返璞归真的裸演说

我刚在日本生活了几个月时，一次和同事去室外大型浴场洗澡，大家脱得一丝不挂。那次一起泡温泉是周末短途游的一项内容，其目的不是为了工作，而是为了放松身心而设计的——聚餐、饮酒，以及和同事一起谈天说地。我的老板说，通过不同于严肃正式的办公环境，员工和经理们能体验到一种更加自然的交流方式，建立更紧密的关系，而这十分有利于公司的长远发展。吃饭、喝酒是泡温泉的一部分，大家赤裸着身子一同沐浴亦是如此，后者被认为有助于增进团队成员的关系。也就是在那时我学会了hadaka no tsukiai（互相赤裸以对）这个日文单词，意思是裸的关系或交流。老板告诉我，泡温泉是日本人生活的一部分，这项仪式本身也象征着健康良好的交流关系。在全身赤裸面前人人平等，无论你的职位高低。当你摈弃了正式和拘谨的障碍，赤裸相待以后，交流和沟通会变得更加顺利，人们的思想也仿佛被串联了起来而变得更加紧密。将自己自由地展现在与你一样的人面前畅谈“赤裸的真理”。隐藏在这种暴露和展现自己背后的精神促成了更加坦诚和圆满的交流，这种精神同样也可以被运用到演讲当中。

本书的阅读对象

本书适合那些强烈希望通过提高与听众的沟通从而增强演讲效果的人士阅读。不少人需要做的首先是学会如何制作幻灯片，而本书是特别为那些已有能力设计较好幻灯片却仍想提高演讲技能、吸引听众的读者们所准备的。

对于幻灯片演示，我向来崇尚节制、简约和自然。这三个原则在演讲过程的方方面面无不发挥着重要的作用，尤其是节制和简约原则，对演讲内容的准备以及幻灯片的设计更是举足轻重。

我的前两部书作《演说之禅》和《设计之禅》着重于幻灯片演示的前期准备和设计，而本书将聚焦于演讲本身——如何通过幻灯片演示向听众传播思想，此外，我也在最开始谈了关于演讲的一些准备工作。受到日式温泉和“互相赤裸以对”思想的启发，我把本书命名为《裸演说》。日本禅宗美学十分注重从大自然汲取养料，而本书的主题就是返璞归真于自然。书中简单的道理旨在帮助读者演讲时更好地与听众建立自然的关系，从而达到强大、有效和令人印象深刻的演讲效果。

返璞归真于自然

或许这在东京、大阪等具有超现代和快节奏生活特点的都市中心并非适用，但是，大自然在日本文化中确实具有核心的地位。户外的温泉浴能够使人放松身心、静心思考、与周遭的自然环境产生沟通和联系。人们在这种环境中体验到的是彻底自由的自然感受。禅学大师铃木大拙（Daisetz Suzuki，1870—1966）时常谈到日本人是多么热爱自然，多么渴望与自然产生某种关联。他曾说：“无论社会进化得多么‘文明’，无论人为制造的环境产生多大影响，人们在内心深处始终拥有对原始简约（生活）的渴望——近似于生物自然生长的状态。”

对自然或者说更加自然的渴望并不等同于希望回到古人生活的原始时期，而是一种对自然洒脱和与周围环境、他人产生直接真实联系的追求。我们可以将这种对自然的渴求欲运用到当今的职业生活。在如今一个所谓文明、充满科技的世界进行交流和沟通的时候，我们同样渴望在与他人的互动和沟通中寻求某种原始的简约，一种自然、自由和自发的感觉。我们希望看到的是简明扼要的说明书和含义深刻的数据，听到的是生动的故事和直率坦诚的对话。可事实又是怎样呢？我们遇到的大都是含义隐晦、混淆不清的文字和繁复沉重的幻灯片，它们无情地干扰了我们对事物的理解，也阻隔了我们与其可能建立的意义深远的联系。

演讲与自然

有关幻灯片演示的技术在过去几十年里发展迅速，但这并不意味着演讲本身必须遭受被改变的命运。现实中被幻灯片搞砸的事例不胜枚举。多亏了像贝特·戴克尔（Bert Decker）、杰瑞·威丝曼（Jerry Weissman）、卡曼·盖洛（Carmine Gallo），以及南希·杜瓦特（Nancy Duarte）和克里夫·艾金逊（Cliff Atkinson）等来自世界各地的沟通专家和幻灯片演示设计专家，情况才有了好转。在他们的努力下，幻灯片演示取得了不小的进步。如今，设计演示效果出色的必要元素从本质上与过去并无差别：演讲时流露自然的感觉是做好演讲的一大法宝。

这种自然不是外界强加于人的。传奇人物戴尔·卡耐基（Dale Carnegie）说过：“为了达到真正的效果，你必须表现出一种强烈而高尚的自然感觉，这种自然是超乎听者预料之外的。”无论你接受了怎样的演讲技巧训练，或者在幻灯片演示过程中使用了怎样先进的数字工具，技巧和工具永远仅仅是被用作简化难度和支撑与听众沟通的初级手段。最先进的工具也许能够增强你旨在传递的信息效果；但是，以自然真实的方式、智慧有节制地使用那些工具才能发挥其应有的效果，否则它们将沦为有效沟通的屏障。

技术和爵士乐

爵士乐演奏和幻灯片演示有着许多相似之处。爵士乐的演奏十分复杂和深奥，却又非常简单和浅显。通过明确和真诚的表现可将爵士乐演奏化繁为简，演奏者有一定的章法可依，但在这些限制中仍有足够的自由可以发挥创造力。因此，爵士乐演奏体现的是自然的精神。不论是公共演讲还是音乐演奏，与听众建立沟通和联系将超出使用一切工具和手段达到的效果。美国爵士乐大师兼作曲人温顿·马萨利斯（Wynton Marsalis）提醒我们说，技术可以变得很强大，但它们只是工具而已。他在2009年的谷歌对话中谈到技术和爵士乐时这样说道：

我不认为人们会随着工具的更加先进而变得更加强大，灵魂乐的技术在相当长一段时间内都没有发生改变。许多时候人们以为只有不断进步的技术才代表着强大，爵士乐绝非如此。你可以获得想要的各种合成器，但却未必能用它们成功地演奏一曲摇摆爵士乐。爵士乐演奏是对人类本身和其创造力的赞颂。

——温顿·马萨利斯

幻灯片演示同样如此，无论技术变得多么强大、达到多么绚丽的特效，正如马萨利斯所说的，灵魂乐的演奏技术本质上没有发生任何改变。PowerPoint、Keynote或者更新的Prezi等软件技术的作用仅仅在于增强所要表述的信息，使其变得更加简洁和令人印象深刻，以及深化人与人之间的关系，而这些正是沟通和交流的基石。如果使用得当，多媒体技术可以获取正面的效果。不幸的是，大多数演讲者在该技术的“帮助”下却适得其反。因为演讲者经常过于注重技术和幻灯片效果，而没有投入足够的精力在如何与听众建立紧密的联系上面。

无论是幻灯片演示还是音乐演奏，真诚、自然和与听众建立联系比使用什么高级工具都重要。
（照片由Nikolas Papageoriou拍摄。）

何谓“裸演说”

从本质上说，裸演说指的是以直接、真诚和简明的方式与听众建立沟通和联系，投入于他们的感情世界之中，不论听众的数量是三位还是三千位。“裸”的内涵是通过展现真实的自我把听众作为第一位考虑，去除所有无关紧要的信息，显现最核心的思想。裸演说体现的是简约、真诚和热情的品质，给演讲者本人和听众带来新鲜甚至有些让人脸红和满足的感觉，因为“裸”一词意味着演讲者真实和自然的个性被彻底地暴露。

进行裸演说的人能感受到自由，他们没有烦恼和忧愁，不计较他人的所思和所想；裸演说的人不会怀疑自我，不会使用伎俩和压力来达成目的，不会躲在任何东西（包括幻灯片）的背后害怕被人发现。裸演说者能够穿越所有障碍，享受当下，与听众建立联系。其使用的多媒体手段也能够与主题和内容融为一体。简言之，优秀的幻灯片能够与演讲的内容同步进行却不喧宾夺主，默默扮演支持演讲内容的角色，使演讲者和听众之间建立更好的联系。

做到自然地裸演说并不容易，因为我们没有养成这种习惯。但事实真是这样吗？我记得上小学时有一门名为“展示和讲述”的课程，课上我们的直率和坦白会引起全班同学的大笑和老师禁不住的脸红。那时我们只有六岁！但那是我的的确确记得发生过的事。如今的我们已经变得成熟和老练，获得了较高的学位，拥有重要领域的专业知识，但我们却变得令人乏味和无趣起来。其中一大原因是成年后的我们在演讲时变得谨小慎微，希望凡事都能被办得稳妥和完美。受到这种思想的影响，我们会主动地思考不必要的事物，这就给自己设立诸多障碍。因为害怕而退缩，不管我们是否意识到，我们总喜欢在昏暗的房间里生硬地播放一张又一张要点式的幻灯片，希望以此将演讲做得稳稳当当、不出差错。当然，你不会仅仅因为做了那样的演讲而被老板解雇，但是你的听众会因枯燥乏味而变得昏昏欲睡；又或即使努力听了演讲，也会觉得那些信息根本毫无意义。

对话而非表现自我

人们很容易会把演讲等同于一种表演。当你站在舞台做演讲时，聚光灯打向你，台下是等待你呈现精彩表演的听众。诚然，演员身上有许多值得演讲者学习的地方，例如如何处理紧张的情绪、如何发出洪亮的声音等。但是，我觉得把演讲看成一种对话或许更为贴切。我在前面提到演讲的艺术和爵士乐演奏有着许多相似之处，也许有人会有这样的疑惑：难道爵士乐演奏不是一种表演吗？大家的回答相信都是肯定的。可是，爵士乐作为音乐形式的一种更像是一场对话，因为它需要演奏者拥有强烈的同理心和倾听的能力。马萨利斯就曾把爵士乐称为“对话的音乐”。

虽然你站在舞台中央成为焦点，但是，请把演讲更多地看作一场与听众的对话而不是一个人的作秀。

如今绝大多数沟通专家都同意把演讲看作一次愉快的谈话。人际沟通导师格兰维尔·图古德（Granville N.Toogood）也建议用对话谈心而不是讲座表演的眼光看待演讲。他在《做个好口才的经理》（*The Articulate Executive*）一书中写道："你不要将每一次上台讲话都视作演讲——那根本不是，真正该做的是进行一次多人参与的对话。"演讲导师威丝曼在《具有影响力的演讲者》（*The Power Presenter*）一书中同样探讨了演讲应以类似对话的方式进行的重要性。该书的重点不是教导人们如何成为一名表演者（我们当中99%的人都不是），而是旨在帮助人们成为一名更自然的演讲者。威丝曼在谈到其教练生涯时这样说道："我的目标是帮助那些曾经受过我指导的商务人士变成更加自然和成功的演讲者。"

请把你的演讲当成一场"大型对话"，而不是一场个人作秀或讲座。

自然地表达自己

自然的演讲不应该变成正式的、说教式的讲座；相反地，要将演讲视作同事朋友间、师生师徒间或者科学家之间的对话，后者无不通过自然的表达在演讲者和听众之间建立起沟通的桥梁。铃木俊隆在其《禅者的初心》（*Zen Mind, Beginner's Mind*）一书中也谈到了类似的思想，下面这段文字正是体现了我所谈到的演讲中应有的自然：

> 禅强调一个人的仪态或者行为。行为不是指你做某事所应遵循的特定方式，而是指一种自我表达。禅强调坦率和直接。你应该毫无保留地反映自己真实的感受和思想，彻底地表达自己，这有助于听众对你的理解和认识。
>
> ——铃木俊隆

你也可以将这些关于禅和人际沟通的简单思想应用到日常的演讲、会议以及公司活动中去，即强调一种自然、真诚和坦率的表达，而不是刻板地遵循一大堆所谓的正确做法。正如铃木所说的：“最关键的是不要刻意地自我调整，而是做一个最真实的自己。”

菲尔·维克尼尔（Phil Waknell）

菲尔·维克尼尔
演讲者、作家和公众演说导师
舞台创思公司（Ideas on Stage）创始人之一

维克尼尔分享了其在演讲方面的心得，他把裸演说者比作脱下铠甲、放下武器作战的武士。

裸演说

穿上铠甲、带上武器，武士预备上战场。“裸”战斗则指在没有保护措施的情况下进行肉搏。裸演说就好比脱去铠甲、放下武器、直面听众。对演讲者有利而不利于听众的做法都要被摒弃，从而才能展示一个最真实的自我。

穿越障碍

你要与听众建立沟通的纽带，而站在离听众较远的位置或者某些障碍物后面是很难做到这一点的。比如千万不要站在讲坛的后面，因为那会传递出“我高高在上，你们都在下面给我听好”的不良印象。你真正需要做的是与听众进行沟通而不是对着他们讲话，更不要用高人一等的口气讲话。向你的听众走近一些。如果你可以走到听众中间的同时让每个人都听到你的声音，那就不时地采取这种方式演讲吧。

放下武器

战士试图通过猛击对手而获得胜利。类似地，许多演讲者也企图使用各种模糊的事实袭击听众，直至他们屈服求饶。

裸演说需要放下武器，并且明白武器不是用来说服听众的。如果放下了武器，就意味着取得了暂时的胜利。当然，人们很容易一不小心就掉进使用各种数据和事实对听众进行狂轰滥炸的陷阱，但那真的有效果吗？如果你做演讲为的不是有效地与听众进行沟通，那还有做演讲的必要吗？

不要使用你自己最熟知的内容来启动演讲，而是应从听众感到最不陌生的话题切入。如果你想改变他们的想法，那就促使他们自发地意识到改变的必要性。你希望的这种变化应该由他们通过自己的思考后而取得。你要做的是与听众不断地进行沟通和建立联系，为其指引出一条全新的道路，唤起他们踏上征程不断向前探索的欲望。

卸下铠甲

要做到裸演说，最难的恐怕是卸下铠甲——放弃舒适感和安全感。你需要卸下的第一层铠甲是对幻灯片内容提要的依赖。准备得充分一些，这样就可以避免不停地回头看背后银幕上的提示。同样地，幻灯片（如果有的话）上也应去掉所有不必要的内容，让它变得简洁明了、切题中肯。你需要卸下的第二层铠甲是你演讲的结构安排，通常人们会因为明确地知晓了接下去该讲什么内容而感到所谓的安全和舒适。武士会因原计划的失败而选择其他计划，演讲者应该同样具备这种灵机应变的能力，从而适应不同听众和场合的需要。

不要自大或自负。做一场演讲并不是因为你很重要，而是因为听众很重要。高傲地站在舞台上或者做出高高在上的架势都是很难与台下听众建立沟通关系的。站在台上演讲的目的是为了与听众沟通和交流，不是作秀和炫耀。

释放真我

最后，释放自己内心的感受。你不是为自己而站在台上演讲，你是为听众而来的。因此，不必掺杂任何的私心，只要想着如何将重要信息或思想有效地传达给听众；也不必担心听众会讨厌你的演讲风格。你所要做的就是做一个真实的自己，以听众为中心，其他的只需要顺其自然即可。

避免枯燥乏味

做到自然、对话式的演讲，其关键之一是去除有碍于与听众进行顺畅沟通的绊脚石，包括按照幻灯片上的内容朗读、躲在讲坛后面、不与听众进行眼神交流、轻声无力地讲话、使用难懂的专业术语或没能调动听众的情绪和好奇心等。

如今，不少人认为技术专业人士和科学家的演讲简直无聊透顶，他们没法就自己的相关工作与大众进行沟通和交流。但是事实并非如此。诺贝尔物理学奖获得者理查德·费曼（Richard Feynman）同时也是一位充满激情和活力的教师和交际师，他的演讲简洁明了、富有激情，能够与学生和普通大众建立沟通和产生联系。又比如说，天文学家卡尔·萨根（Carl Sagan）因其能把宇宙问题谈论得既清楚又热情而被冠以“公众科学家”的称号。我最喜欢的交际师尼尔·德格拉斯·泰森（Neil deGrasse Tyson）也是一名科学家，一位充满智慧的天体物理学家，拥有极强感染力和好奇心的他能够通过自然对话式的演讲激励、鼓舞听众并与他们进行交流。

无论背景是专业人士或是科学家，职业是经商、教书或者是在校学生，你都没有理由使自己的演讲变得令人感到枯燥和乏味。

演讲的一代

如今，做一场能与听众的思想进行沟通并产生联系的演讲比其他任何时候都要重要，有人甚至把我们称为“演讲的一代”。在视觉上充满热情、简洁明了的演讲之所以重要，一部分原因是在现代互联网视频的推动下这样的演讲可以被更多人知晓。你演讲的每一个动作可以轻松地以高清格式被录制下来，并在全球范围进行播放，任何人只需轻点鼠标就能观看。演讲或演示或将改变事物甚至改变世界的潜力绝不仅仅体现在某些话语上面，它们固然重要，但充其量只是文字而已，你完全可以制作并打印一份详细文档发给听众；而有效的演讲则远远超出了单纯的文字所能发挥的作用。

说到推动和传播创意思想的互联网视频，就不能不提TED（科技、娱乐和设计）大会。2010年的TED在英格兰的牛津郡举行。会上，TED负责人克里斯·安德森（Chris Anderson）谈到了面对面的交流以及强大到能够影响人们做出改变的演讲等话题。他强调，人们通过阅读可以更快地接收信息，但在阅读方式下话题的深度和内容的丰富性却经常被人忽略。演讲之所以能够比单纯的阅读更有效，其一部分原因是借助视觉的手段和“演示给你看”的威力。视觉手段、结构安排以及故事内容等都是不可或缺的演讲组成部分，即便是录制好并上传到互联网的演讲视频也是如此。但是，正如安德森提到的，演讲绝不仅仅就是这些：

除了语言文字，需要通过演讲传递给听众的东西还有很多。真正拥有魔力的是那些非语言部分，它们隐藏在你的手势动作、讲话节奏、面部表情、眼神交流、精神面貌、肢体语言，以及感知听众反应等方面。你可以通过听众潜意识中流露出的各种迹象来判断他们是否深刻地理解了你的内容、是否受到了你的鼓舞和启发。

——克里斯·安德森

安德森说，面对面的交流方式在人类发展过程中具有举足轻重的作用。“它历经了成百上千年的变化，如今发展成为最具神奇效果的交流方式之一。讲话者的言语和思想能够在听众的大脑中产生共鸣，两者之间的纽带也被随之建立起来。这是人类行为中的关联组织在发挥作用，而人类文化正是在这种作用下延续了千年之久。”

在数码时代，成功的演讲和重要的思想能够以惊人的速度在数以百万的人群中传播。

提高目标，与众不同

在过去的几年里，演讲的情况在不断地好转。许多研究人员、商务人士、教师和学生都渐渐领悟，纷纷开始做出符合逻辑和声情并茂的演讲。如果借助多媒体或其他视觉手段，他们也会考虑周全，遵循基本的设计原则，不拘泥于传统固有的设计模板。诸如TED等组织也表明了其存在的价值和对人们的影响，即设计精良、引人入胜的演讲能够起到教育、说服和激励的作用。演讲方式也经历着进步和发展。但总体来说，商业界和学术界的大多数演讲仍旧摆脱不了令人感到枯燥和乏味，甚至感觉思维麻木的问题。一旦这些效果欠佳的演讲没能与听众建立联系，即使再重要的内容也于事无补。

我们给自己在演讲质量方面设定的目标相对较低，而多媒体技术等辅助手段更是降低了实现该目标的难度。这并不是一件坏事情，事实上，这是一个好机会，一个变得与众不同的机会。如果想让你重要的思想得到传播，那就不要再迟疑了。你若观察一下世界上成功的创意公司和组织就会发现，他们无不推崇个体的贡献和重视创意的力量。在这种精神下，展示个人的作品和思想也就无须再有任何的胆怯了。生命太短暂，如果你想改变些什么，包括个人职业生涯的发展，那么展示自我和思想就显得十分重要。为何不让自己变得与众不同一些呢？

洗浴的七个启发

图为日本的一处天然温泉。

洗浴是日本文化的一个重要组成部分。和日本烹饪不仅仅是为了解决温饱一样，洗浴的意义也不仅限于为了洗净身体。几代人以来，公共澡堂一直作为日本社区的一个核心设施而存在，它不仅是一个提供人们洗浴的地方，更是聊天和会友的佳所，在那里可以加深街坊邻里之间的相互了解和沟通。如今公共澡堂渐渐淡出人们的生活，取而代之的是家中安装的独立浴房。但是，无论是在家中的浴房、室外温泉还是公共澡堂，洗浴这种风俗背后所隐含的意义却被保留了下来，渗透在日本人的生活之中。洗浴背后折射出的生活方式与大自然有着紧密的联系。

那么，洗浴能够为沟通、交流和演讲带来什么启发？日式泡澡和演讲又有哪些共同之处？就这两个问题，我总结了以下七个方面。

1. 准备工作必不可少

泡澡前需要花点时间冲洗身体。演讲开始前必须做好充分准备。

2. 必须做到一丝不挂

穿着短裤和泳衣是不被允许进入温泉或澡堂洗澡的，你必须脱光所有的衣服（允许携带一块小毛巾）。裸演说则要求去除所有不必要的元素，仅展示最核心和最重要的内容。裸演说者不会试图去遮盖自己；相反地，他们会自然地站在舞台靠中间的位置与台下听众进行沟通和交流，和他们分享思想的盛宴。

3. 除去障碍，摘掉面具

脱掉衣物象征着推倒隔离我们与听众间的砖墙。在今天的演讲中，人们有时把视觉手段（图片、图形、图表、视频等）作为演讲的辅助工具而不是作为演讲所传递的思想的倍增器，于是构成了一道道屏障分散听众的注意力。裸演说中则使用简洁明了的视觉效果，不会给人造成混淆不清的感觉。裸演说者在设计时也会严格遵循从简、注意重点和优先级的原则，从而更好地指引听众的目光。

4. 现在你已完全暴露

最佳的洗浴方式是室外温泉，尤其在秋冬季的时节。温泉水很热，空气却很冷，但能带给人全身充满生气的感觉。裸演说就是要抛弃所有的烦恼、顾虑和自我怀疑，而使用某些伎俩、要小聪明或者掩饰真相的做法是违背赤裸的要求的。裸演说时，你完全变成了一个透明人，也许容易受到外部的伤害却充满信心、享受当下。

5. 你和别人并无两样

一个人的等级大小、地位高低在赤裸的时候显得并不那么明显和重要。优秀的演讲并不像传统意义上的讲座，而更像是用明明白白、真实自然和包容开放的语言进行的对话。不要试图将你的思想强加于听众；相反地，试着去分享、帮助、鼓舞、教导、告知、指引、说服、激励听众，使他们变得更加完美。无论你是谁，都应该把演讲看作一次为同胞做出贡献的机会。

6. 注意控制时间长度

没有什么比泡热水澡更让人感到惬意的事情了，但是注意不要泡过了头。过多积极美好的事物只会将结果带向另一面。一位优秀的演讲者十分注意控制演讲时间，因为他知道那些时间不属于自己，而属于听众。牢记“吃饭八分饱”的道理吧。带给听众出乎预料之外的高质量演讲的同时也要注意控制演讲的时间，绝对不要超出既定的分配时间。你所要做的是让听众自己去体会和满足，而不是被（过分）满足的过程。

7. 完成后感觉棒极了

泡澡温暖了身体、活跃了灵魂，令人精神焕发。一次重要的谈话过后，如果过程顺利、结果积极，也会令人士气大振、备受鼓舞。而如果通过意味深长、热情四溢的方式与听众建立了沟通和联系，并给他们留下了一些具有价值的东西—知识、远见、灵感甚至是自我认识，那么，内心的愉悦感便会油然而生，而这种感觉来自率真和付出。

崇尚赤裸和自然是我从日本洗浴当中悟出的重要思想，只需借助想象力的翅膀就可以将它们运用到日常工作和生活的许多方面。在当前数字演示和各种媒体手段泛滥的情况下，赤裸和自然的思想比任何时候都显得更加重要。总而言之，与听众建立沟通是演讲成功的关键，而这正是“裸”的最高体现。

泡澡前，你首先要在澡堂外冲洗身体。

冷空气、白雪与日本温泉形成了鲜明对照。

关于本书

你不必担心在看本书前是否受过演讲培训，因为在我们身上已经基本具备做出有效演讲所需的要求。本书的目的之一是为了提醒人们演讲时需要遵循的一些重要原则。虽然这些原则的重要性不言而喻，但人们在实际的演讲中却经常忽略它们。

作为一位设计思维的支持者，我崇尚节制。自我施加的节制力能使设计作品的重点更加突出，创意更加丰富。在本书的撰写过程中，我决定以字母P开头的单词来概括演讲的核心原则，并将它们控制在了10条（和1条额外原则）。谈到培养演讲的技巧问题，10条原则恐怕只是冰山一角，但就本书的重点而言，如何提高与听众进行沟通和建立联系、支撑和做好演讲的能力，遵循这10条原则是最基本的要求，也方便大家记在心里。

这10条原则是准备（Preparation）、出击（Punch）、当下（Presence）、映射（Projection）、热情（Passion）、亲近（Proximity）、玩乐（Play）、节奏（Pace）、参与（Partication）和力量（Power）。额外的1条原则是坚持（Persistence），长期乃至一生致力于演讲学习是实践者所必须具备的一种品质（本书的最后一章专门阐述了这一原则）。

我相信在许多人际交流、设计构思以及人生经验中都蕴涵着艺术的原则。就我个人而言，我希望用一生的时间去研究爵士乐和日本禅学。书中也有谈到艺术的影响力对演讲的启迪，旨在帮助读者从不同角度看待上述10条原则。

本章小结

- 无论你曾经受过什么培训、在演讲中使用什么多媒体手段，技巧和工具的作用只是为了简化你的演讲，以及支撑你与听众之间建立的沟通桥梁。

- 自然的演讲更类似于朋友、同事间的谈话，而不是拘谨、教条式的讲课。

- 演讲或将改变事物甚至改变世界的潜力绝不仅仅体现在演讲者所使用的语言文字上。有效的演讲能够扩大语言文字的意义。

- 别再害怕展示你的作品和思想。生命太短暂，如果你想改变些什么，比如职业生涯，那么展现自我和思想就显得格外重要。

我们不知道这些想法从何而来，但我们确信不是来自于笔记本电脑。

——约翰·克里斯（英国喜剧大师）

2

从准备开始

有效的演讲离不开充分的准备，而无效的演讲往往具有构思无力和观点虚华的共性。演讲是否有效是无法作假的。裸演说以及与听众建立自然的沟通关系并不意味着以一种冷淡和漫不经心的态度对待准备工作。具有讽刺意味的是，缺少了适当的准备，你根本无法展现一个自然的你。你会变得一筹莫展、半信半疑和焦虑不安，尽管内心仍努力地想展现相反的积极一面。听众能够轻而易举地察觉出演讲是否经过了充分准备，如果他们得到的答案是否定的，那么你就很难与其建立起沟通的关系。你不必在演讲中表现得完美无缺，我们生来就是不完美的。听众可以容许你在演讲中犯下一些小错误；但是，如果你没有为演讲做适当的准备，或者没有为他们做特别的准备，那么这对他们来说是不可原谅的。我会在这一章中谈谈准备演讲时需要注意的一些问题。

独处的时间

演讲是一项涉及创造力的活动，而创造力需要远离生活中的各种干扰才能获得，即把注意力集中于所要完成的重要事情上。因此，你需要有独处的时间以保持头脑清醒、思绪清晰。这在如今的社会也许越来越难做到，但是你必须找一个不受任何事物打扰的时刻静心思考。演讲的准备过程需要这样，工作中进行其他需要创造力的活动也是如此。

2008年全球创造力论坛在比利时的佛兰德斯举行。会上，英国著名喜剧演员、作家约翰•克里斯（John Cleese）谈到了创造力在工作中的重要性。他说，如今许多人都遇到了同样一个问题：我们总是显得那么匆忙——我们的思绪是如此杂乱无章，就好像手中同时杂耍数个皮球的小丑。如果我们整天都是如此匆忙地工作，那么我们不会获得任何富有创造力的想法。事物间的关联只有在放慢了思绪的情况下才能看清。有证据表明，人们在放慢思绪、远离喧嚣的时候最容易产生深刻的洞察力。大卫•洛克（David Rock）在《工作中你的大脑》（*Your Brain at Work*）一书中提到："具备敏锐洞察力意味着能够察觉出细微的信号和与其建立起某种关联，而要做到这些首先需要将思绪平静下来。"

搭建一个"龟壳"

克里斯说，变得更有创造力的一个关键方法是避免被不必要地打断。于是问题出现了，那就是如何在当今快节奏甚至有些疯狂的世界里变得更有创造力呢？如何不在这样的世界里受到干扰呢？如何又在同一时间处理多项任务呢？克里斯的观点是，我们必须为自己建造一个封闭式的"龟壳"，一个不受外界干扰和打搅的安全圈地。在缤纷得有些混乱的大千世界中开辟一片绿洲，构建一个只属于自己的时空。也许你会说现实中很难找到这样一个不被打扰的空间，但我们必须试着去那样做。

如果你在工作或居住的地方拥有一间独立办公室，那样事情也许会变得容易一些。克里斯说，如果你没有这么好的条件，你也同样可以找到一片属于自己的绿洲：公园、咖啡店、海滩等这些地方都是不错的选择。他认为，在建立好一片不受外界打搅的绿洲后，还必须给自己设定一个开始和结束的时间。除了在空间上与外界隔离，时间上也要加以严格限定，这样才能更有助于创造力的发挥。无尽的探索和自由的遐想正是发生在与我们正常生活隔离的那片“自我天地”之中。

你需要在独处的时候静心思考，未必只有在办公环境中才能做到。

多任务处理的神话

尽管我的生活十分忙碌，互联网和社会媒体无时无刻不分散着注意力，但是演讲的准备工作不适合与其他任务同时进行。畅销书《让大脑自由》（*Brain Rules*）的作者约翰·梅迪纳（John Medina）教授援引大量认知研究结果称，人类本来不具备同时处理多个任务的能力，生理上的原因造成我们无法同时处理需要集中注意力才能完成的任务。

一些人也许认为他们非常善于同时进行多项任务，以为这是高效率的表现。从生理学角度来说，这些任务其实对大脑也是一种干扰。正如玛蒂娜指出的，研究表明工作中受到打搅的人们通常要比专心致志完成一项工作的人多花50%的时间，犯错的可能性也要比后者高50%。试图在进行演讲准备等需要创造力工作的同时从事其他事务的行为是不明智的。

远离计算机

在进行演讲准备的初期阶段，你要做的是关掉计算机，取出纸笔。很明显，计算机或者智能手机会对你正在做的事情产生干扰。玛蒂娜说："如果你总是上网，你的注意力就会变得难以集中。因此，那些总是在线的公司或者个人是最少产出的。"也许你在最后关头需要使用计算机制作幻灯片或者因为不使用多媒体而需要制作内容提示，但是我发现，暂时地避免使用计算机而抓起笔在草稿纸或者白板上勾勒想法能够为你提供一个简洁而全新的视角。在人们被交织地连接在一起的互联网时代，尽可能地离开计算机是有好处的。正如克里斯说的："我们不知道这些想法从何而来，但我们确信不是来自于笔记本电脑。"

明确目的

有一次，我在日本听了一系列枯燥而乏味的演讲，那些演讲者各个滔滔不绝地罗列有关自己组织的各种事实和数据。我后来得知他们是想说服听众加入其组织，从而扩大组织的规模。但是那些演讲并没有引起我们加入该组织的兴趣，因为我们更希望听到的是演讲能带给我们什么，而不是听演讲者一味地介绍自己和组织。听众对演讲者详细介绍的组织历史、财政状况和组织架构等并不十分感兴趣。

我相信那些演讲者并非没有想过他们演讲的目的—提供信息并且谈论自己，但那是错误的动机。正确的目的应该是使我们（听众）感受到有人在聆听自己的声音、了解自己的需求，以及被告知自己将从中得到哪些提高。那些演讲失败的原因是，演讲者只是简单而机械地播放一张张布满数据和信息的幻灯片，却没有仔细地考虑其做演讲的真正目的。

制造变化

你的演讲要在听众的心里产生某种变化。也许你的目标是向他们介绍一些新事物，分享大有裨益和引人入胜的知识，或者鼓励和启发他们，说服他们改变某一做法，但无论具体的目标是什么，你要做的是通过演讲去影响和改变听众，即使你和他们交流的时间很短也是如此。从这个角度讲，你是在售卖自己的思想。营销大师克里夫·艾金森（Cliff Atkinson）在接受我对他做的有关演讲的采访时说：“对我来说，如果你不想浪费自己和别人的时间，那就设法改变他人的想法，做一些他们不曾想过或者做过的事情。我的朋友们，那就是销售。如果你不努力说服别人，那还要你来干什么？”

如果你把注意力集中在听众身上，就会在演讲前去了解听众的相关情况，并在此基础上再定一个你希望他们在听完演讲后能够达到的目标。作家杰瑞·威丝曼（Jerry Weissman）把这种做法称为将听众从A地（听到你的演讲之前）带到B地（听完你的演讲之后），杜瓦特设计公司总裁南希·杜瓦特则称之为“从何而来”和“到哪里去”。事实上它们都表达了同一个简单的思想。你也许认为每位演讲者都会明白这个道理，遗憾的是，大多数演讲者在准备演讲时做的只是收集各种信息和事实，从不考虑他们的演讲是否会对听众产生影响或者带来变化的问题。

从问为什么开始

畅销书《从问为什么开始》（*Start with Why*）的作者西蒙·斯尼克（Simon Sinek）说，具有影响力的领导者在做一件事情前都要问自己这样一个问题：我为什么要去做它？他们能够通过提问“为什么”来激励和鼓舞人们完成一些不可思议的事情。大部分的公司组织和个人都能说清楚他们在做什么事情，甚至是如何做的，但很少能讲明白他们为什么要那样做。想要回答这个问题，必须十分明确自己做事的目的，而一些简单、常见的答案是不足以回答的。斯尼克说：“人们感兴趣的不是你做了什么，而是你为什么要那样做的问题。”

同样地，在准备演讲时要问自己这个最重要的问题—我为什么要这样做？我在第一本关于幻灯片演示设计和呈现方面的《演说之禅》一书中提到，如果演讲者能够回答“我的演讲想说明什么”和“它为什么很重要”这两个问题，那么就可以避免出现无效演讲的后果。

大多数演讲者只把重点放在“是什么”上面，例如信息、数据，以及更多的信息和更多的数据，然后会花些时间谈“怎么做”，配以与之对应的要点式幻灯片。他们几乎不会谈到“为什么那样做”的问题。我们在准备着手做一件事情前都应该多问自己几个“为什么”，做演讲也不例外。为什么说这个话题和结论是重要的？为什么它们对听众来说是重要的（或者不重要的）？仔细思考“为什么”绝不是空想的过程，而是试图寻找一个最根本问题的答案。我们在生活和工作中几乎消耗了所有的精力去思考和谈论“什么”与“怎么”，而听众也经常在毫不知情的情况下被动接收那些信息。

“为什么”是一个纵观全局的问题。如果十分明确地知道如何回答“为什么我的观点很重要”以及“它们对听众有何意义”的问题，那么就更能够在一系列数据图形中阐述清楚观点的重要性。听众需要了解细节和论据，但更需要把握演讲的大局。而解释“为什么”的问题则是演讲大局的核心所在。因此，在设计演讲时应站在听众的角度从回答“为什么”的问题出发。

我经常会问自己的另一个问题：为什么被抽中上台演讲的人是我？大家为什么要赶来听我做演讲？搞清楚了这些问题的答案也就基本锁定了演讲的真正目的。记住，要把听众放在优先的位置考虑，你可以在演讲的一开始就告诉人们你的演讲为什么重要，然后再用各种数据和事实来论证其重要的理由。

你若想找出演讲中最核心的思想，并且希望使演讲的目的和意义变得更加明确，那就从问自己为什么开始吧！

克里斯多夫·卡拉夫特（Christopher Craft）

美国南卡州哥伦比亚人，教育家，乐于在全球各地做演讲，内容涉及教育理论、技术创新等，与人合营一家名为棕榈树（Palmetto Learning，LLC）的教育咨询公司。

克里斯致力于营造一种课堂学习的氛围，体现严格规范又不失互动的禅趣，为年轻的教师提供合理实用的建议。

给教师的几条建议

演讲需要有目的性，比方说提出一种新观点、展示一件新产品或者推广一项新活动等，学校教师和大学教授则经常通过幻灯片演示开展日常教学工作。细心的你是否发现有时他们整堂课都在朗读幻灯片上的文字内容呢？想要实现一种更好的演讲风格固然简单，但是你是否想过面对效果不佳的演讲，学生（听众）到底是怎么想的吗？

人类的记忆存储十分有限。在我们身上经常会发生忘记新名称、新手机号码这类的事情，有时甚至都不记得把车停在了什么地方。这些事情都只被作为暂时的记忆而不是永久的记忆进入大脑，理论上后者的容量是无限的，这就解释了为什么我们能够记得曾经发生过的某些片段却经常记不起把钥匙放在了哪里。设计演讲时，要将人类认知构造的局限性因素考虑进去。例如，人们处理声音和视觉信息的方式不尽相同，这意味着在选择文字、图片和声音时应该有所选择、谨慎仔细。

试着把暂时记忆看作一杯水。在演讲进行时，信息（水）被倒入杯中。如果一下子倒得太多，水就会从杯子里溢出。当暂时记忆系统超负荷运转时，听众的认知也会超载，导致不得不清空暂时记忆，而留下的都是那些先前通过学习记住的事物。换句话说，如果使听众一下子接收太多信息，其结果是他们最后什么也记不住。

经过调查和研究，你可以采取以下方法避免使听众的大脑记忆出现超负荷运转情况：

- 文字和声音不同步。

  换句话说，不要朗读幻灯片上的文字内容。听众无法承受同时以文字和声音的方式呈现相同的演讲内容。记住，听众的阅读速度要快于演讲者的朗读速度。

- 不要只安排文字。

  以图文并茂来说明演讲的要点是人类大脑最能接受的一种方式。

- 演讲前多彩排几次。

  投入时间在彩排上面是值得的，它能使演讲者在讲话中避免出现不必要的停顿和混淆不清的概念。

- 留给听众思考的时间。

  可以通过与听众互动的形式达到这一目的，为的是让听众有时间与邻座进行交流或者停下来消化和回味先前的演讲内容。

- 多讲些故事吧。

  采用讲故事的手法能够将演讲内容与故事情节联系起来，使听众更有可能对演讲内容产生兴趣，从而建立与他们之间沟通的桥梁。

- 避免使用切换效果、声效和其他“噪点”。

记住，认知超载的问题不利于达到演讲的目的。如果不去尽力地避免这类错误，或将造成人们抵触学习的负面心理。

了解听众

在位于加州库珀蒂诺的苹果公司工作期间，我曾收到一封转发自史蒂夫·乔布斯办公室的电子邮件。发信人是一位用户代表，苹果的维护工程师刚去过他的公司做过一场演讲。这位客户对演讲的效果并不满意，于是写信给苹果公司总裁表达了自己的感受。我那时的任务就是调查这件事情，与用户方一起协调、沟通并解决其中的问题。

据写信的用户代表称，那位苹果工程师对其演讲内容有着深厚的知识底蕴，准备的材料很专业，但却难以调动大多数听众的兴趣。听众感兴趣的是科技，尤其是苹果公司研发的最新科技——如何使用苹果产品并在它们的帮助下提高创造力和生产力。我与那位聪明过人且平易近人的苹果工程师进行了沟通，他表示自己也意识到了演讲并没有取得较好效果的事实，但他却不知道该如何调整演讲的内容，于是只能按照最初的计划尽其所能做完演讲。如果他在准备演讲前了解了听众想知道什么，就可以避免造成效果不佳的演讲和给听众带来痛苦的感受。

由于没有和任何用户进行交谈，那位工程师对用户的背景情况和期望值并不了解。于是，他在演讲中唯一做的就是讲述他自己了解的东西。如果他事先了解了用户的背景、经历及期望，他也坦言会准备完全不同的材料，在演讲中采取更多的提问与回答及讨论的形式。

上述这位工程师带给我们的教训是，为了明确演讲目的并着手开始准备工作，我们必须首先尽可能地多了解听众的情况。这需要能产生共鸣和换位思考问题的能力。在了解了听众的背景、期望值以及文化差异后，我们在选择演讲材料时就能更加地游刃有余和有针对性，从而更加便于与听众建立沟通，调动他们对演讲内容的兴趣。

抓住听众的心

每一位听众都是不同的个体，但是他们拥有一个共同点，即不喜欢枯燥和乏味的感觉。如果演讲时完全摈弃了个性，只把重点放在罗列各种事实、数据或是产品特点等信息上，听众就会产生这种感觉。他们需要的是一个对演讲大局的把握、演讲的前因后果和意义作用，以及感受一种与演讲者建立起来的联系。

亚里士多德曾经说过，优秀的演讲者大致具有以下三个特点：有理有据、富有感情和人格魅力。换句话说，一场优秀的演讲需要具有逻辑性和事实论据作为支撑，能够调动听众情感的变化，以及展现演讲者真诚、自然的个性和值得信任的品质。人既是理性也是感性的动物。演讲内容要尽量满足听众的需求，这不仅体现在内容结构和事实论据方面，更重要的是通过举例子、讲故事和播放视频等方式来打动和感染听众，即在演讲中满足人们的好奇心、探索欲和对新知识的渴望。

深度还是广度

演讲者往往设法在很短的时间里阐述太多的内容，这是许多演讲都有的一个毛病。原因是他们在准备阶段缺少节制力，难以抉择哪些内容需要和哪些内容不需要，甚至通常情况下不会花时间去考虑哪些内容应该被删除，于是造成听众被动接收过量的信息而搞得一头雾水。许多行政演讲、销售演讲和会议演讲等实际上都有这个问题。《科学演讲的技艺》（*The Craft of Scientific Presentations*）的作者迈克·阿莱（Michael Alley）在书中谈到了类似的观点，并提出了二选一的建议：是要深度还是广度？期望在一个小时内做到既有深度又有广度的演讲是件非常困难的事情。那我们应该怎么做呢？这就需要我们设定一个切合现实的目标。如果你觉得自己应该讲得更有深度，那么必须要在广度方面做出一定的妥协。和在生活中一样，演讲中必须要学会选择重要的内容而（至少暂时地）放弃不重要的内容。

我们无法在演讲中做到面面俱到。如果演讲内容过于丰富，我们就会想着如何在规定的时间里将它们全部讲完，这样做的后果不但会使听众失去倾听的兴趣，更会侵占本用来与他们进行讨论、互动和建立沟通的时间。记住，人们需要一段时间来阅读、理解和处理图表等信息。

玛蒂娜说："填鸭式地介绍过量的信息而不给对方时间消化是人们在交流中最常犯的一个错误。"我们可以通过删去和简化某些内容，从而腾出空间和时间让听众提问与主题相关的问题。而要做到这一点，需要我们变得更加赤裸和自然，真诚地邀请听众一起参与到演讲之中。一旦在准备阶段就演讲的深度和广度问题有了明确的选择以后，就能够正确把握重要的内容，去除不必要的信息，为演讲的空间创造条件。

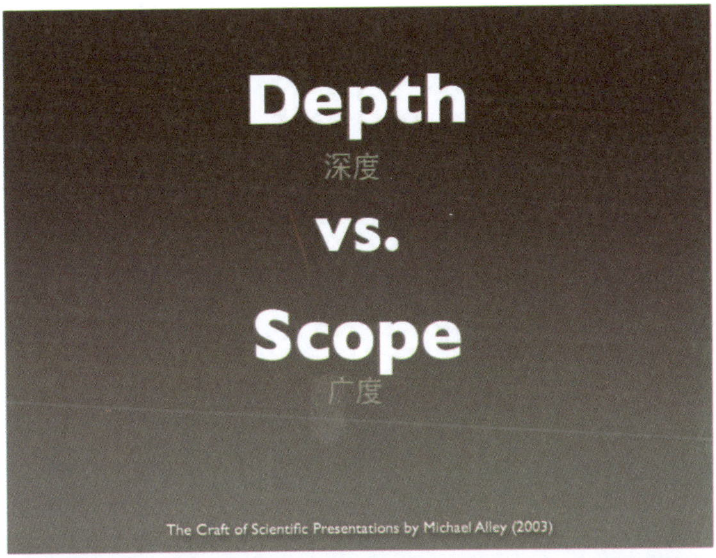

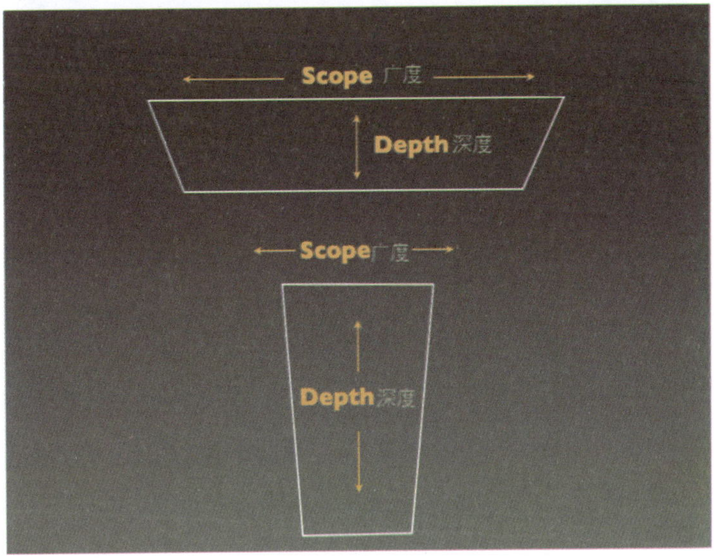

我们可以选择从深度或广度来展开演讲，在某一次演讲中同时涵盖这两方面是很难做到的。幻灯片摘自迈克·阿莱的《科学演讲的技艺》。

当人们讲故事的本领开始退化时，那么离社会的衰败也就不远了。

——亚里士多德

故事的力量

讲故事是吸引听众注意力的一个重要手段，它能够满足听众在逻辑、结构和情感方面的需求。人们往往倾向以叙述的方式回忆过去发生的事情，因为我们对记叙结构最熟悉。相较于朗读幻灯片上的要点的做法，调动听众听觉和视觉系统分享的信息能够在其大脑里存留更长的时间。2003年某期的《哈佛商业评论》中有一篇关于《故事的力量》的文章，文中称讲故事的能力是商业世界中领导力和交际力的关键。“忘记幻灯片，忘记各种数据，为了使听众完全投入，你需要向他们讲述故事。”

罗伯特·麦基（Robert Mckee）在接受《哈佛商业评论》的采访时谈到，领导者肩负的一项重要工作就是激励下属来达成某个目标。他说：“领导者需要感知员工的情感和感受才能真正激励他们，而进入他们内心的方法就是向其讲故事。”说服他人的一个最常用的办法是使用巧言和智慧，这在商界中体现为公司领导在演讲中借助各种数据信息来说明问题和达到目的。但是，打动人的不仅仅是某些数据，更何况人们也并非总会那么相信它们。麦基说：“数据是用来编制谎言的……”

麦基称使用花言巧语的办法是有问题的，因为在我们说明某种情况的时候，其他人也会根据自己已知的数据和信息在心里验证和反驳我们。他说：“如果尝试通过论述的方式说服他人，也许结果并不尽如人意。原因是，除了理性以外还有其他促使人们做出某一行为的因素。问题的关键是要把自己的想法、观点、情感与听众的联系起来，而故事就是最好的载体和工具。我们通过讲故事不仅提供了很多信息，而且还调动了听众的兴趣和情感。”

寻找矛盾

麦基认为，一个从头到尾完全符合听众预期的故事称不上好故事，因为那样会显得过于枯燥和乏味，因此要避免这种情况的发生。相反地，我们应该使听众在预期和现实之间不停地挣扎。令生活变得富有乐趣的往往是它“黑暗的一面”。挣扎着抵抗负面能够促使我们的生活变得更生动活泼和富有意义，而具备这种特点的故事则更具说服力。

因此，故事中最重要的一个元素就是矛盾。矛盾是一种戏剧性很强的东西。从本质上来讲，一个故事需要体现美好的期望与无情的现实之间的矛盾和不平衡，包含一股反面力量或者一个必须解决的问题。出色的故事讲述者会这样描述关于应对反面力量的情景：使用较少资源艰难地完成一件事、下一个困难的决定、完成一项漫长的科学探索、不断地尝试与犯错等。

人们总是偏爱展示积极和美好的事物（它们实则很无聊）。“但是作为故事的讲述者，你需要首先亮出问题，然后再给大家展示其解决办法。”如果你讲述的是如何与竞争对手对抗的故事，那么听众就会对你和演讲的内容产生兴趣。

反差的效果

无论是设计图形还是构思故事，反差是一个最根本，也是最重要的元素。反差就是对比和突出区别——人们对其十分敏感，能够轻易地察觉。对比和反差的运用在一个好故事中随处可见，电影制作也是如此，比如《星球大战Ⅳ》中反抗军同盟与黑暗帝国间的比较。但是强烈的对比和反差同样可以存在于同一方的不同角色之间：年轻天真的理想主义者卢克・天行者与成熟睿智的现实主义者欧比旺・肯诺比、沉着冷静的莱娅公主与骄傲自大的汉・索罗，甚至R2D2和C3PO在性格之间都有着强烈的差别。影片中的不同角色之所以在全球拥有不计其数的粉丝追捧，原因是他们内在的差异和针对这些差异所做出的妥协吸引着人们。

在演讲中也试着设计一些对比元素，比如之前与之后、过去与将来、现在与过去、问题与办法、冲突与和平、增长与消减、悲观与乐观之间的比较，将这些对比作为把听众领进故事中的一种自然手段，使他们对演讲的内容留下更深刻的印象。

这些幻灯片展示了简单的对比和反差带来的效果，大小、材质、形状、颜色、方向/位置和年龄等都可以成为比较的方面。

演讲中的故事原则

我们并非总拥有充足的时间来准备演讲，因此有时就忽略了使用故事。以下的几个步骤也许可以帮助你更好、更快地做好演讲准备：

1. **明确问题所在。**比如这是一个你们产品能够解决的问题。

2. **明确造成问题的原因。**举出与这个问题有关的包含具体矛盾的例子。

3. **展示解决的方式和原因。**提供解决上述矛盾的办法。

一般来说，这三个步骤就够了。首先介绍所遇到的问题，然后是如何解决它，其中需要使用相关例子支撑你的观点。记住，故事的发生应该是有顺序的："首先发生了一件事，然后引出第二件事，再导致第三件事，依此类推。"摆出矛盾再介绍如何去解决它，这样能够方便听众跟着你的思路一同前行。

如果你成功地做到了上面的几条，那么就已经领先于其他演讲者了。大部分人只是简单地回忆准备好的要点，然后展示一条条的信息。记住，人们很容易忘记条目式的信息和要点，但却能记住意义深刻的故事。因为人总是试着去理解故事情节，从而将这段经历记在心里。麦基以为，我们不该抵制倾向于将经历塑造成故事的自然行为，相反应该把经历和话题以故事的形式讲给听众。

故事和情感

人的大脑具有储存包含情感元素的经历和故事的能力，而故事中的情感要素可以帮助人们更牢地记住故事。今年年初，我在日本劳动力管理培训班上听了几个学生做的一场关于就业安全方面的演讲。三天后，当我问起班上其他学生关于那场演讲的印象时，他们的回答不是日本劳动法、劳动制度或劳动力市场变化，而是有关日本过劳死和职员自杀的内容。虽然后者在一小时的演讲中只占到了很小的比重——只有大约五分钟的时间，但是却给听众留下了最深的印象。这其中的道理很简单。日本过劳死以及居高不下的自杀率是一个涉及情感的问题，而且人们并不经常谈论它们。那四位学生引用了有关过劳死的真实案例，讲述了相关的故事，触发了听众情感——惊讶、同情和同理心的开关，而令他们留下深刻印象的正是内心受到调动的这些情感要素。

故事是人类分享信息最自然的载体，那些在听者情感上造成波澜的故事最容易被人记住。

故事能够吸引注意力，将抽象的事物具体化

今年一月，我驱车从汉娜——世界上最美的地方之一，位于夏威夷茂宜岛的哈莱阿卡拉国家公园——驶往位于国家公园内的瀑布景区。景区的自然风光引人入胜，通常情况下水势也显得比较平缓。但是为了警告游客可能的危险，园区管理方设立了一块巨大的警示牌提醒人们注意安全。人们一般很少会注意那些警示牌，都认为上面提到的危险过于抽象，就算真的存在危险也不会发生在自己身上。但是我发现那块警示牌立得却很有效果，上面标有一篇关于景区内发生的最新事故的剪报。我几乎可以想象游客在阅读完后脸上露出的表情。通常我只会看一眼类似这样的标牌，但是在那块警示牌前我却停了下来，一字一句地从头读到尾。我为那起事故中受害的游客表示惋惜，这可是一起真实发生的事故啊，受害者的姓名和家乡都写得清清楚楚，其中包括一对母子。这些事故报道阻止了我再进一步靠近瀑布。这张告示起到了应有的效果，它除了提供常规的警告信息以外，更是触动了人们的情感。由此可见，信息和情感要素的结合能够产生巨大的影响力，更易给人留下深刻的印象。

这张警示牌的特色是增加了剪报内容，借助事故报道反映景区潜在的危险，真实而令人印象深刻。

简化的过程

直接在幻灯片设计软件中的内置模板添加相关文字内容是无法设计出优秀幻灯片演示的。策划演讲的内容应遵循一些具体的方法。以下是我在准备过程中经常采取的8个步骤（其中几个已在本章的前半部分有所谈及）。成功的演讲者基本上都要经历这样一个类似的、简化的准备过程。

1. **建立独处。**找一个没人打搅的时间和地方静心思考，重新回忆那些被忽视的事物。

2. **拒绝干扰。**关闭计算机电源，并拔掉插座，去掉所有干扰源，任凭创造力和洞察力的发挥。

3. **拿出纸笔。**取出草稿本、报事贴、索引卡或者找一块白板。现在还不需要使用计算机，如果真的需要，也是后面的事情了。

关闭计算机后，大学生们一起用笔在纸上构思出演讲内容。

4. 确定核心观点。在熟悉了演讲的话题，并且了解了听众的情况和需求后，现在要做的是确定演讲的核心观点。注意，核心观点不同于话题。举例来说，“第四季度的销售情况报告”是话题，而“第四季度的销量在过去三年里首次超过了预期，因此在未来有理由保持乐观态度”则属于核心观点。

核心观点是你最希望听众记住的东西。如果他们只能记住和演讲相关的一样事物，你希望那是什么？因此，你要试问自己：“我的核心观点是否清晰？”随后把答案写下来。问题的关键在于你希望将听众带到哪里？希望他们在听完演讲之后做出何种变化？注意，你的任务是努力将听众从现有的一个地方带往另一个新的地方。而那个新地方与演讲的核心观点有着密不可分的联系。是什么造成了对听众的影响，并促使他们做出改变？在上述有关销售情况的例子中，听众在听演讲之前对未来抱着怀疑和悲观的态度，而在听完演讲之后则变为积极乐观的态度。

5. 进行头脑风暴。就你的话题和核心观点进行头脑风暴，不需要做任何的修改。而筛选和编辑则是后面的事情。在这个过程中，数量很重要。在卡片或者报事贴上写下你的想法和观点，然后摆在桌子上或者贴在白板上。这些事情你可以独自完成，也可以集体一起进行（如果是团队演讲的话）。如果是团队一块进行头脑风暴，则不要评判他人的想法和观点，只需将自己的写下来并和他人的暂时摆在一起。在这个阶段，疯狂的想法也是可以接受的，因为它们或许可以演变成更加实际和强大的支撑。

6. 梳理和修订。现在才是编辑和修订的时候。此时你要有节制，不要把所有内容都涵盖进演讲。毫不留情地删减那些无关的内容吧！如果顺利，你会最终汇总成三四个明确的类别分别支撑演讲的主题和核心观点，其余无法归类的就果断删除吧。

最经典的故事结构是分三步走的，我发现将演讲内容分成三部分来支撑核心观点十分有效——带领听众进入一次探索、发现问题和解决问题的旅程。每一部分都有一个中心思想，共同为演讲的核心观点服务，这可谓是最经典也是最有效的组织方法（该技巧同样适用于演讲）。在设定好组织框架以后，你需要再次调整内容，确保做到简洁明了。但是现实中的大多数演讲者喜欢做的是涵盖过量而不是过少的信息。裸演说意味着需要排除一切与演讲的中心思想无关紧要的内容。修订是一个不断做减法而不是加法的过程。

7. 画出演讲大纲结构图。既然已经明确了一个清晰的主题、一个需要表达的核心的观点，以及两三个内容翔实得当的部分（包括数据、故事、引用和事实等），那么现在可以开始考虑设计演讲的大纲结构了。如何才能将观点和想法通过视觉化的手段呈现出来给听众留下深刻印象呢？你可以将先前写在纸上的文字想法转化成图形，画在草稿本或者报事贴上，经过制作，它们最终将变成高质量的照片、图形图表和名人名句，等等。

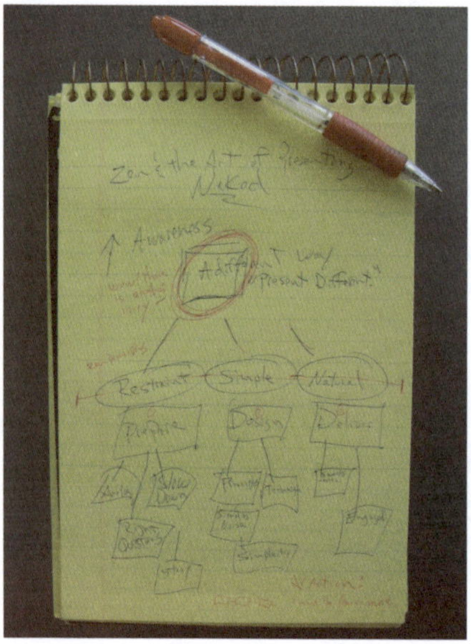

演讲大纲的手绘初稿，我们可以看到演讲者将主题内容划分为三个部分。

8. **用软件制作幻灯片。**设计完演讲内容的大纲并画出结构草图后，许多文字内容已经被转化为图形。现在是时候将那些草图通过一些常用的幻灯片软件进行设计了。记住，在制作幻灯片时，你要严格限制自己使用软件的功能，尽可能把注意力放在如何设计出简单、清楚和吸引人的幻灯片上面。你可以登录专业图片网站查找合适的图片或影视资料，或者雇佣一名专业摄影师（如果预算足够的话）。但是你会发现，许多需要的图形或影像我们自己动手也可以搞定。自己动手的优点是，这样的幻灯片会更加贴合你的个性，也更具有针对性，同时也确保了这些照片的原创性和独一无二。

在纸上画出大纲结构和部分图形图画后，我们可以使用软件制作幻灯片了。

便笺的使用

在演讲或展示的过程中切不可朗读幻灯片上的文字，哪怕是做出试着回忆它们的样子。但是我们可以准备一张便笺纸，尤其是在演讲的过程中可用来提醒自己。演讲时，我们对内容和结构应该做到了如指掌，因此简短的话语或者几幅草图就可以起到提示的作用。除非你连自己想说的内容都不清楚，才会需要冗长的便笺来提醒。

通过认真的准备，我们已经对演讲的材料十分熟悉了。因此，没有必要再去准备详细的便笺纸。虽然大多数人在做多媒体演讲时无须便笺的提示（因为那样会产生干扰的负面影响），但我认为在没有科技手段帮助的条件下，上台演讲时手中准备几张便笺是个不错的主意。

排练的次数

虽然每个人的情况不同，但是在正式上台演讲前都应该至少经过四至五次的排练，直到感觉各方面都准备到位了为止。注意，排练的目的不是简单地把演讲内容一字不差地背下来。在你花了很长时间准备好演讲内容以后，你需要将演讲从头至尾演练几遍。

在排练的时候，不要只是看着计算机屏幕朗读或者在心中默读，应该尽量模仿真实的演讲情景。确保自己是站立着的，以演讲当天的嗓音大声地进行彩排和练习。你会发现前两次的排练之间存在着很大的差别，这就是为什么需要像在现场演讲那样从头到尾进行排练一遍的原因。在排练完第一次后，我们应该及时对不恰当的地方进行修正。

我建议在演讲时使用远程遥控器来控制幻灯片的播放，养成将自己的视线保持在听众方向的习惯，只需在切换幻灯片时很快地瞥一眼显示器或者计算机屏幕，努力确保演讲顺畅地进行下去。我们要养成一种习惯，在演讲的整个过程中避免回过头去看投影银幕。在和大学生们打交道的过程中，我发现他们在演讲时最常犯的一个错误就是过于频繁地扭头去看银幕，或者演讲时根本没有将视线对准听众的方向。我不断地提醒他们避免这种做法，其实银幕上的内容同样会反映在前方的计算机屏幕上，因此，就算有需要，也可以通过计算机屏幕而不是背后的投影银幕来提醒自己演讲的进度。只要按照这个简单的方法去做，我相信大多数演讲的效果都会更上一层楼。

大卫·洛克在东京的TED大会上演讲。计算机显示器摆在了面前，他演讲时不必回头去看投影银幕而把背对着听众。
（照片作者：Patrick Newell。）

演讲的排练次数越多，我们对未知的恐惧感就越少，从而树立起更多的自信心。自信心的提升又会给人带来放松感，这种感受在演讲中是实实在在存在的。通过不断练习，我们都可以成为一名自信的演说家。但是，排练次数过多是不切实际也是不必要的。我们的目的是给听众留下自然和生动的，而不是机械和强记的感受。如果是为了将演讲内容一字不差地背诵下来而进行无数次排练，那么在实际演讲中就会很难与听众建立沟通的关系。

演讲当天

我们在演讲的当天需要提前做好以下三件事情：1）提前到达会场熟悉环境，检查相关设备是否正常（无论是否使用多媒体设备）；2）鼓励听众前排就座；3）演讲前与听众进行简单交流。

提前到场检查设备

演讲者有必要提前到达演讲会场，尤其是需要使用相关数码设备时更是如此。到场后我们应首先启动计算机，再检查喇叭和投影仪及遥控器是否使用正常。在使用投影仪播放幻灯片时，无论房间大小，许多人都喜欢把灯光尽量地调暗，甚至是全部关闭。但是我认为，除非是在大会堂或者大型宴会厅等类似地方做演讲，否则尽可能把灯都打开。演讲者是不可以在昏暗的情况下进行演讲的，即使那样更便于听众看清他的幻灯片内容。

如果允许调整房间的布局，那就需要多花一些心思。尽可能把房间环境布置得亲密和轻松一些，并且划定演讲时固定的活动区域。此外，还要把听众的座位尽量靠近一些，确保他们之间不存在物理上的障碍。如果发现讲桌被放在了舞台中央的位置，要么把它搬走，要么改放在房间的一侧。有时讲桌的位置是固定的，或者在你后面的其他演讲者还是喜欢站在它后面演讲，那也没有关系——即便讲桌被放在了台中央，你也没有理由站在它的后面进行演讲。

鼓励听众前排就座

几年前，我给大约200人做了一场演讲，那次的效果还不错。但问题是房间的设计容量是450座，那天听众到场后随便挑选了座位，造成听众的位置比较分散。虽然演讲进行得还算顺利，但是整体氛围和与听众的沟通明显感到有所欠缺，听众与听众之间应有的亲近感也几乎消失了。

当我第二次遇到类似情况时，我在演讲开始前要求听众尽量往前排就座。随着他们对我的请求做出无意识的反应，现场气氛也变得融洽起来。听众提问热情高涨、讨论激烈，还不时迸发笑声，我和听众以及听众之间也即刻建立起了更加紧密的关系。相反地，如果听众坐得比较分散或者在离得很远的位置，那么上述情景是不可能发生的。其实，作为演讲者本人而言，固然希望听众能够坐得离自己近一些，但也希望听众之间互相靠近而坐。只要有可能，我们可以把房间最后几排座位的入口处堵住，或者友好地要求后排的听众靠前就座，尽量把听众集中在一起。在较大的房间为相对较少的听众做演讲时，则尽可能地将他们安排在靠近演讲者的位置就座，这样更有利于进行直接的沟通和建立紧密的关系，听众也会产生更加亲密的感觉，从而更加投入于演讲。

演讲前与听众简单交流

初级演讲者经常犯的一个错误是，在等待演讲开始前的一段时间里与听众保持距离，即不与同样在等待演讲开始的听众进行交流，浪费了一次很好的沟通机会。演讲者提早到达会场的一个原因是，在听众到来前调试好相关设备和布置好房间环境等，另一个原因则是可以利用这段时间与陆续前来的听众进行简短的沟通和交流。当然，我们没法与所有听众一一进行交谈，但是即使只占一部分，他们也会觉得演讲者很放松，也很高兴来听演讲，并且最重要的是听众体会到了被重视的感觉。

在和听众进行交谈时，我们可以倾听他们的故事，从而观察并了解他们的痛苦和遇到的挑战，这些可以在随后的演讲中作为引子为演讲内容和核心思想服务。这就是说，演讲前与听众进行简短的交流和闲聊能够对演讲产生一定的积极作用。例如你在正式演讲前与一位名为布莱恩的著名商业人士进行了交谈，在你随后的演讲中谈到某个的重要观点时就可以这样开场："演讲开始前我和你们听众席中一位名为布莱恩的先生聊了几句，我告诉他日币的持续坚挺将会产生……问题。"

演讲开始前与听众进行沟通和交流可以帮助我们将抽象的听众具体化，即从素未谋面的陌生人关系转变为与你交谈过的听众，从而使我们感觉更加自信和放松。我们不必担心或害怕这样做会造成什么负面影响。由于你在演讲开始前的30分钟里就和听众聊成一片，这会让你比站在幕后等着上台感到更加放松。换句话说，正式上台演讲是对先前台下与听众交流和沟通的一种继续，而不是像有些演讲者那样在焦急的等待中被叫到名字，然后跃然出现在台上。

本章小结

- 一个不受外界干扰的时空有助于我们更好地去探索和发挥创造力。平复焦躁、繁杂的内心，专注地进行演讲准备工作。

- 要明确演讲的目的以及事先了解听众的情况，使自己在准备演讲时把握听众的初始位置，并在此前提下设定相应目标，即你希望将他们带往的目标位置。

- 将设计演讲内容看作构思一个吸引人的故事，即要突出和运用对比与反差、问题与解决方法。听众最容易受情感元素的影响而被打动，从而留下更深刻的印象。记住演讲准备的大致步骤：1）发现问题；2）分析造成该问题的原因；3）找出该问题的解决办法。

- 在演讲当天：1）提早达到会场熟悉、布置房间和检查设备；2）鼓励听众往前排就座；3）演讲前与听众进行简短交流。

你的存在是给予他人最珍贵的礼物。

——一行禅师（著名佛教大师）

3

建立与听众的联系

今年，我在日本东京举行的演讲大会上“见识”了一场效果不尽如人意的演讲。比如说，在主持人向听众介绍即将上台的演讲者的时候，台下的听众却把注意力集中在了房间中央大型银幕上，看着计算机的启动画面。随后，银幕上提示输入登录密码，听众的掌声响起并渐渐消去，房间的灯光也调暗了下来，但是那位演讲者还在尝试输入正确的密码。“请稍等一下。”他边说边从钱包中掏出写有密码的纸条。终于，他进入系统打开了幻灯片软件，但我们却欣赏着计算机桌面上有关他孩子的照片。随后，他花了一个多小时站在讲桌背后黑暗的角落里播放着一张张要点式的幻灯片，口中不停地复述上面的内容。投影银幕被放在了舞台的中央，离听众的距离很远。演讲中的他有几乎一半时间低着头看着手中的提示资料，其余时间则盯着台中央的大银幕。他虽然提到了大量的内容，却没有与台下听众进行任何沟通，更谈不上建立何种关系了。演讲结束后，听众出于礼貌，鼓掌表示感谢，但都感觉自己的时间就这样被浪费了。这件事情留给我的印象很深，倒不是因为那场演讲改变了我的思想，而是因为它实在太无聊了。仅仅内容上的充实还不足以达到有效演讲的要求，它还需要与听众在情感上建立联系并对其产生影响。我在本章中就将介绍与听众建立联系的三种简单方法：快速出击、注重当下和映射形象。

快速出击

我最近有机会与访日的CNN新闻主播共进午餐，并向他征求了如何做好演讲的意见和建议。那位新闻主播每年在摄像机前后做的演讲次数不下几百场，因此我很期待他的回答。想不到在听到我的问题后他不假思索地挥起攥紧的拳头，大声说道："我们必须快速出击抓住听众（的注意力），然后把它们攥在手里不放掉。"演讲的开头是最关键的部分，因此在一开始就要吸引听众的注意力。他还说，如果演讲者没能在演讲开始时"出击"并制胜，那么其他的内容再出色也有可能不会取得任何效果。

选择一个"出击式"的开场十分重要，因此，我强烈建议大家摒弃以下的传统开场方式："女士们、先生们以及尊敬的来宾和朋友，今天我很荣幸能够站上舞台为你们做演讲。窗外阳光明媚，送走了寒冬，我们又迎来了温暖的春天……"要避免使用这种啰唆又老套的开场白。一句简单的"谢谢"或者"上午好"，然后带着微笑直接进入演讲正题才是我推荐的做法。

"出击"的影响力

根据"首因效应"，演讲中给听众留下最深印象的往往是它的开头部分。为了与听众建立沟通关系，应在演讲的最开始就吸引他们的注意力，这种所谓"出击式"的开场对演讲的最终效果具有举足轻重的作用。《做个好口才的经理》（*The Articulate Executive*）的作者格兰维尔·图古德（Granville N. Toogood）在书中同样强调了快速出击的思想。他说："要确保踩准第一步，做到快速出击切入主题的效果，从而刺激听众的大脑。"

我们要在演讲的最开始就抓住听众的注意力，与他们初步建立强大的关系。而要做到这种“出击式”的开场效果，至少可以采用以下五个招式，它们分别是个性化、出人意料、奇妙新颖、挑战权威，以及诙谐幽默。

个性化

要做到个性化开场。我曾听过一个关于公司安全方面的演讲，该公司的员工从事的大多是危险工种。演讲者以播放一张清晰的可爱孩子的照片作为开场，当他谈到孩子的重要性时（大多数听众都已为人父母），他承认照片上的就是他自己的孩子，并表示一生中最担心的事就是无法细心地照料他们。作为父母，我们应对家庭和自己负责，严格遵守安全法规，避免出现哪家孩子被告知父亲或母亲不能回家的悲惨结局。那次演讲的开场很有个性，很感人，也很切题。它成功地吸引了听众的注意力，这为随后的演讲打下了一个良好的基础。大多数人也许只会简单地列举一些安全法规，但是他却以自己的孩子引出了演讲话题，拉近了与听众间彼此的距离。

有许多方法可以使开场更具个性，但它并不意味着啰嗦的自我介绍和解释受邀演讲的缘由。一个发生在自己身上的故事就可以起到很好的效果，只要它意义深刻、与主题相关、能够引出接下去的演讲内容就可以了。

出人意料

展示一些出人意料的事物，以此吸引听众的注意力。如果你将“感谢……，我很荣幸……”等传统老套、听众预料之中的开场白改为其他的方式，那也会给听众

带来不一样的感受和小小的惊喜。你可以引用某一句话、一个出乎大家答案的问题或者有悖于传统概念的数据，这些都可以给听众带来惊喜感。他们因此会变得更加清醒和机敏，从而集中注意力。管理大师汤姆·彼得斯（Tom Peters）曾说：“惊喜是必不可少的，例如讲一些很少为人知晓的事实和看似违背大众常识的事件。不能给听众制造惊喜感也就没有做演讲的必要了。”

奇妙新颖

讲述一些奇妙和新颖的事物，例如展示一张罕见的照片、讲述一段不为人知的故事，或者公布一项最新研究结果。一种可能是，台下的听众都是天生的探索者，他们对新的、未知的事物具有浓厚的兴趣，但也有可能对某些人来说是一种威胁。但是，假设我们的环境安全且缺乏足够的新奇感，那么通过展示奇妙和新颖的事物将给观众带来新奇感，并产生十分积极的效果。

挑战权威

挑战传统的智慧或者听众的假设，例如下面这样：“如果我们能够两个小时内从纽约飞抵东京，你觉得如何？你一定觉得我在开玩笑，是吗？实际上，已有专家声称这种可能性的存在。”通过一些“挑衅”的问题质疑听众传统的观念和想法，促使他们进行思考。许多演讲之所以不成功，原因是它的作用仅限于将信息从演讲者一方传递到了听众一方，却没能使听众积极地参与其中。实际上，听众只有在真正开动大脑思考或者运动身体时才能够高度集中注意力，因为只有那样他们才感到自己的好奇心得到了满足，思想得到了升华。

诙谐幽默

引得听众发笑，调动他们的情绪。笑声能带来许多好处。听众一起发出笑声说明他们互相之间以及与演讲者之间已经建立起了一种联系，从而活跃了演讲现场的气氛。笑声可以产生一种使全身感到放松的物质，有时甚至可以改变一个人的看法。有句话说得好，要看听众在不在听演讲，看他们在不在笑就知道了。尽管这句话是对的，但即使笑了也未必一定就是领会了你的意思。要注意，幽默的事物要紧扣主题，自然地融入演讲当中，而不是起到分散听众注意力和偏离话题的负面作用。

如果使用不当，幽默也会造成负面影响。许多人喜欢讲一个陈腐的笑话来开始演讲，实际上这并不使人觉得好笑。通常情况下，观众最多会出于礼貌和同情笑一下，有时甚至还会出现冒犯听众的最坏结果。这种做法绝不是一个成功的开场。我在这里谈的不是教你如何讲笑话，忘了笑话吧。一个调侃、一件轶事或者一个简短的搞笑故事都可以达到理想的效果：引入话题、确立主题和支持观点等。

演讲的开场有很多种，但是无论采用何种方法，千万不要浪费了开始前与听众“热身”的那两三分钟时间。演讲的开始部分十分重要，因此我们要做到先声夺人。上述的“出击五招式”并不是全部和唯一的办法，但如果在开场中同时运用其中的几种，那将对听众产生一定的积极影响。

演讲时没什么好害怕的，你要做的就是快速出击以抓住听众的注意力
（图为菲尔·沃克尼尔在巴黎的演讲现场。）

蜜月期

吸引并保持听众对演讲的注意力并不是件容易的事情。一般来说，听众希望你的演讲能够取得成功，但是仍然只会在一两分钟的所谓蜜月期来决定他们对演讲的印象。即使是著名的演说家，包括名人也只会得到听众大约一分钟的蜜月期，随后由于演讲者无力再抓住他们的注意力而使听众产生厌倦感。

几年前，我从日本大阪飞往美国加州的斯坦福大学为一个学院的学生做演讲。原计划在开始前几个小时到达校园，但因为日本的航班晚点，下飞机赶往学校的路上又遇到了交通堵塞，最后我赶在最后一分钟一手提着公文箱，一手捧笔记本电脑走进了演讲大厅。台下的学生们都已就座等待演讲的开始，一下子所有的目光齐刷刷地聚集在我身上。（糟糕！）当时就算立刻做好相关准备也要花数分钟，更何况让听众多等的话会产生负面影响。于是我马上和他们进行对话，向他们提问有关优秀和效果欠佳的演讲的区别，以及如何发挥创新思维设计更好的幻灯片。随后，在他们积极地开展讨论的时候我飞快地打开笔记本电脑并连接了投影仪，终于在一切准备就绪后继续引导同学们开展刚才的讨论。人们通常在最早的数分钟内就会对你以及你的演讲形成印象，因此绝不要在这段时间内用来焦急地将计算机和投影仪等设备安装就绪。

像竹子一样：日本森林的七个启示

我在日本奈良居住的村庄周围有一片森林，那里栽种着美丽的竹子。竹子在日本具有深刻的象征意义，能为人们的生活和工作带来诸多启示。我在这里仅仅列举了它在演讲和思维方式方面的几点启示。在你阅读这七个启示时，请试着思考它们在你工作包括演讲方面的实际应用情况。

1. 可屈不可折

成片竹子的最大特点就是再小的风也会令它们随之摇摆。这种轻微的摆动是谦卑的象征。竹干很硬很结实，但也能随风摇曳。而竹根则稳稳地扎于地下，使得摆动的竹干不会对坚固的根基造成任何影响，即使是大风把竹干吹弯了，竹根也仍屹立不倒。这种可屈不可折或者顺其自然的精神是成功的秘诀之一，无论是竹子、解决棘手的问题还是处理日常各种事务都应具有这种精神。

2. 不可以貌取人

无论从哪个方面讲，竹子和森林里的其他树木相比算不上巨大，也许第一眼不会给人留下深刻的印象。但它却能抵抗寒冬和酷暑，有时台风过后它是林子里唯一没被刮倒的植物。虽然达不到大型树木的高度，但竹子坚强地面对极端天气。外表看似柔弱，实则无比顽强。有位绝地大师曾经讲过："高矮、大小并不重要，不要以此作为判断依据。"因此，我们要格外小心，不能根据已有的强大和弱小的概念而低估、错判了他人和自己。也许你不是全球最大公司的员工或者一流大学的毕业生，但都应像竹子一样，站得稳而高，相信自己的实力，顽强而自信。

3. 时刻准备着

竹子不像其他树木那样需要经过加工以后才能使用。空手道大师植芝吉祥丸（Kensho Furuya）在《弧度：古代方式》（*Kodo*：*Ancient Ways*）一书中这样写道："战士应像竹子那样时刻准备着投入战斗。"在演讲和其他专业活动中，通过培训和练习，我们可以养成时刻做好准备的状态。

4. 顽强反抗

竹子在日本象征着幸运和对新年的庆祝，被白雪覆盖的竹子更是代表着历经挫折后顽强反抗的精神。在冬季，厚厚的白雪把竹子压弯了腰，直到有一天太重掉落到地上，竹子便快速地返回原始竖直的状态，抖去身上覆盖着的雪。它承受了积雪的重量，却最终反抗成功，仿佛在说："我是不会被打倒的。"

5. 空也是一种境界

为了学习新知识，我们首先要做的就是清空已有的观点和看法，否则就好比往已经加满水的杯子中继续注水。中空的竹干提醒着世人不要先入为主和禁锢于所谓正确的结论，那样就没有接受和容纳其他事物的空间和可能了。为了从自然和他人身上获得知识与汲取智慧，我们应该满怀开放的心态积极应对新兴的、与众不同的事物。当去除了偏见、自满、恐惧的思想后，就能够拥有对一切事物抱有皆有可能的大度和包容的情怀。

6. 不断成长

竹子属于世界上生长最快的植物之一。无论你是谁，或者今天在哪里，你都有惊人的成长潜力。我欣赏的是日积月累的、脚踏实地的提高，而跳跃式的发展倒并非十分必要。即使是致力于不断地学习和提高，我们的成长——就像竹子的生长——就会慢慢发生变化，一段时间后，与过去比较就将取得不小的进步和提高。即便窗台外的竹子成长得再快，我也无法每天察觉出它的成长。我们在努力取得进步时，或许不会注意到自己的提高。提高速度的快慢不是我们关心的，重要的是我们在不断地向前、不断地进步。竹子在雨季生长得最快，也许你个人也有生长力最旺盛的时期，而其余时间的成长则相对较慢。“不积跬步无以至千里”，不要因短期内没有进步而产生挫败感，只要还没有彻底放弃，就要坚持不断地成长——在不久的将来一定会取得进步。

7. 简约实用

空手道大师Kenso Furuya说过："竹子的简约体现了其实用价值。世人也应同样如此。"的确，我们经常努力地向他人展现自己的智慧，或者尽力地说服他们和自己，以博得关注和赞许。但在此过程中简单的事情被复杂化了，因为我们担心他人不知道自己的智慧。生活和工作已经足够复杂，如果我们不再担心那些事情也许会变得更有创造力，从而找出更简单的方法去解决难题，最终为听众、顾客、病人或者学生提供最大的实用和效力。

竹子是一种绿色环保材料，它功能性强、优雅精致、谦卑低调，它体现的简单和力量给我们的生活带来了许多启发。

不以道歉作为开场

不要在演讲开始前因为没有进行充足的准备而向听众说抱歉或者流露出任何的歉意。即便事实真是如此（并试图表示真诚而非托词性的歉意），你也不要这么做。因为这对听众来说没有太大的意义，他们也无须知道你是否做了应做的充分准备。既然如此，何必再向他们提你的准备情况呢？也许你本来准备得也算充分，演讲进行得也比较顺利，但是当听众听到演讲的准备不够充分的坦白后心里会想："那家伙讲得没错，准备得确实不太充分！"

不要告诉听众你很紧张也是这个道理。"其实你看上去并不紧张，但是如果这么说的话……"向听众坦言自己很紧张看上去是真诚的体现，但会给人造成不顾听众体会和感受的印象。因为那样不会给听众带去任何的好处，只是给自己带来些许安慰罢了。相对于压抑一种感情，宣泄和承认也许能够使人感到安心和舒心，这就是人们常说的"大声说出来你会好受一点"的原因。只是，演讲时我们应该把注意力放在听众身上，而告诉他们自己感到紧张不会对他们产生任何作用。关于你是否紧张，自己知道就足够了，不必将这种心情与听众分享。

展示演讲结构

不建议以演讲目录作为演讲的第一张幻灯片，而是应该在与听众建立了初步沟通关系后再介绍演讲的结构，带领他们一步一步深入演讲的进程。

一种办法是，你可以花几秒的时间简单介绍一下结构。如果演讲的内容比较多，则可以在开始每一部分之前提醒听众这部分的内容。2007年的麦克世界（Macworld）大会上，时任苹果公司总裁史蒂夫·乔布斯就将他的演讲划分为了"三幕"，并在每幕开始前依次标上了相应的号码。

另一种办法就是解释每一序号所代表的内容，以及分别所需的时间长度。下面的几张幻灯片就是将一小时的演讲划分为四部分，通过这种做法可以帮助听众很好地把握演讲的结构和进度。

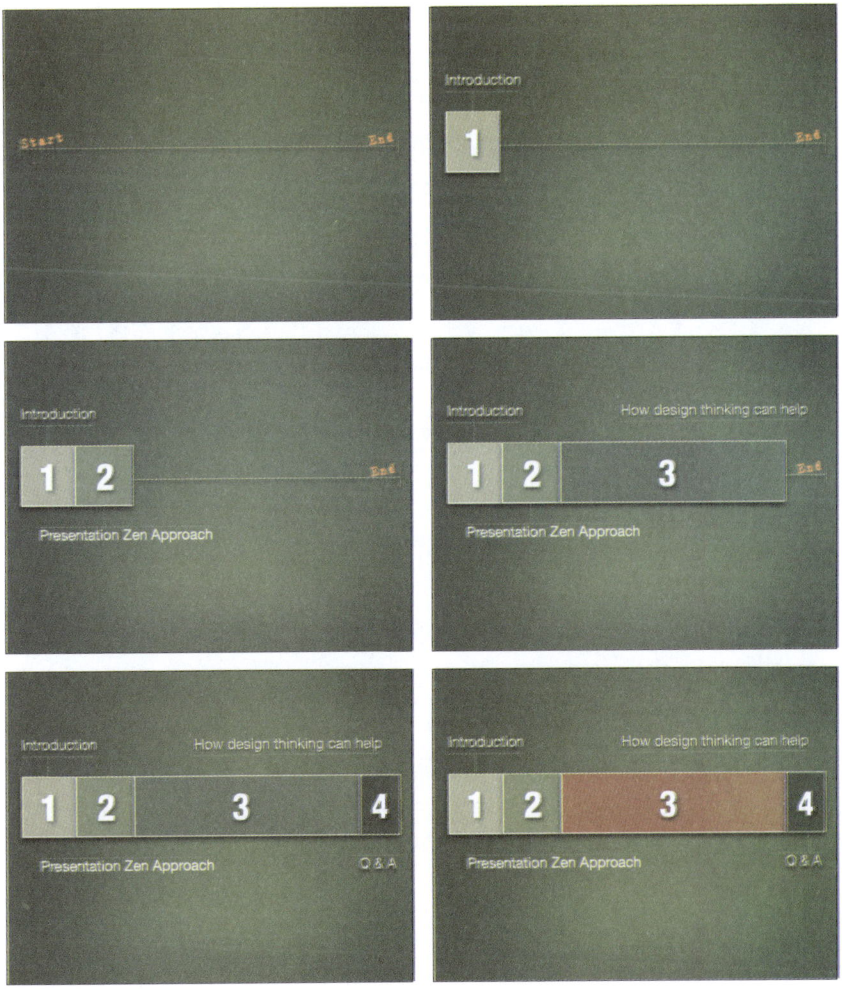

替代要点式的一个做法是直观地呈现演讲大纲和各部分的时长。从左至右，内容安排、时间长短，一目了然。

注重当下

“当下”关乎的是现在的重要性，是一种不考虑过去与将来的思维模式。它关注的是眼下这一时刻、这一场演讲和这一群听众，促使我们放慢速度，免于受到对过去和将来的忧虑的困扰。想象一下，当你新结识了一位十分聊得来的朋友而希望与其再多交流一会儿时是怎样的心情？再试想，当你迫不及待地希望与某人结束对话并马上走开时又是怎么样的心情？将这两种感受做一下比较。两人的谈话之所以不成功，一个原因是其中一位讲话时太拘泥于形式，或者尽管看似说的是对的事却给人造成其他不良的印象，从而使另一方失去继续交流下去的兴致。我们在谈话时能够清楚地感受到对方的回避、不适或者心不在焉。注重当下的演讲者和优秀的谈话者一样，能够与听众建立某种程度的沟通，展现那一刻真诚的自我，使听众除了想与演讲者进行对话以外不希望再做其他任何事情。

聚焦这里和现在

我们经常辗转于各地间的不同会议，很难过多地关注某一场演讲或者某一群听众。当带着压力给一群新听众做演讲时，我会不断地鼓励自己要把注意力放在这一场演讲和眼前的这些听众上面，当然除此以外还有许多其他的职责。每次在全新的听众面前做演讲前，我都会这样对自己说：“做好这场演讲，就是这场，不要去想其他的事情。”无论台下坐的听众是50位还是500位。我从1982年奥斯卡金像奖影片《大审判》（*The Verdict*）中获得了这个启发，并在过去的二十几年中一直使用着。在那部影片中，保罗·纽曼扮演了一个积极向上的律师，面对几乎不可能完成的任务，他不断重复地告诉自己：“就是这桩官司，集中精力把它打赢。”通过这种做法提醒自己关注于当下，而不是过去的辉煌和曾经无数次的失败。他最终顽强地帮助委托人打赢了那场官司。即便你不是一位审判律师，但这个故事对于从事其他职业的人们来说也具有深刻的意义，即不要纠结于过去和担心未来。应把注意力集中在这一场官司，或者当下进行的那一场演讲。听众需要演讲者全身心的投入，任何的思想不集中都会被听众察觉出来，因此，演讲时必须注重当下。

敢于冒险和展现自我

当你想着某个赢取听众注意力的技巧、担心他们的想法或者自己说的是否正确的时候，你的思想已经脱离了当下而变得不再自由。你注重的是过去或将来，而不是此刻与你在一起的听众。有些时候，你要敢于冒险展现那个自然的你。大胆地抛弃对成败的担忧和顾虑，全身心投入当下的演讲反而可以使你与听众建立紧密的关系。唯一需要考虑的就是如何在当下的演讲中最大化地展现真实的自己。当你卸下了恐惧和怀疑时，自然的你就会显现，注意力会更加地集中，演讲也会变得更加简明扼要，进而与听众建立更强大的沟通关系。试着问自己：如果你可以去除所有的害怕和担忧，那么演讲会发生什么变化？如果不必在意演讲的结果，那你又会如何更加真实和自然地准备和呈现演讲？

求职面试其实也是演讲的一种表现形式。几年前我经历了人生中最成功的一次面试，因为在那次面试过程中我彻底抛弃了担忧和顾虑。事实上，我一点也没有像其他许多求职者那样为能否获得那份工作而产生任何的担心。那样只会造成思想上的负担，在面试中不能正常、自然地发挥。其实，在那次面试的前一天我已经得到了另一家公司的录取信，我当时也考虑接受。但是，我没有因此而选择放弃获得其他工作的机会，故仍然参加了那次面试。我记得进入面试房间的时候，迎面就坐着三位严肃的职业人士，一开始便向我提问有关国际商业和战略假设等问题。

一般来说，人们会因为这种盘问、受审式的面试而感到紧张。但是，在那一小时的面试过程中我没有对结果有任何的担心，而是使自己彻底地放松下来，积极地与面试官分享我的看法，并不时地向他们提出问题。这种热情、自发和自然的感觉就好像发生在与好朋友之间的聊天。在面试的后半段，随着我们对话的进行，坐在对面的三位面试官开始露出微笑，身体也微微前倾，并且抛弃了事先准备好的提问稿与我进行交流。

通过注重当下而不去担心结果，哪怕是在困难的求职面试中我们也可以变得更加自然。

直到面试结束后我才意识到自己那天的表现是多么无拘无束、自然真切和交流顺畅，而这些只有在我不去担心面试结果和对自我怀疑，仅注重当下的内容和听众的情况下才会发生。从那次起，我也将这种关注当下的态度应用在了演讲方面。结果固然重要，但在实际的演讲过程中，所有的顾虑和重点都应该放在那时的听众身上。当你克服了对演讲结果的恐惧心理时，就能展现真实的自我，而听众是能够真切地感受到这一切的。演讲中自然的表现或将产生一个焕然一新的变化。

真实性的魅力

真实性是"注重当下"的一个重要组成部分，对人们具有十足的吸引力和魅力。听众并不指望完美的演讲，更不希望看到油嘴滑舌、阿谀奉承的演讲者和他们唾沫横飞、滔滔不绝的样子。他们渴望聆听一个真诚自然、毫不做作和裸演说者的声音。关于真实性的力量和稀缺的问题，探索频道《干尽苦差事》（*Dirty Jobs*）节目的主持人、《致命捕捞》（*Deadliest Catch*）等电视节目的解说员迈克·罗伊（Mike Rowe）在2010年的一篇纪念菲尔船长（全名菲尔·哈里斯，《致命捕捞》节目中的一个重要角色）的文章中这样写道：

> 我想事情是这样的：全世界都在渴望寻找和获得真实，无论是商业世界还是实际生活，工作还是娱乐。真实性的稀缺导致了人们对它的渴望和追求。结果是，当人们看到它以后会等待它的发生，在电视上看到它，或是排队靠近它。粉丝、渔夫、CEO等——只有看到了才知是否真实，即使我们没有刻意地去寻找。菲尔·哈里斯就是个最真实的家伙——他不完美，但有人情味，且亲切友善和彻底的真实。他更是一位不可多得的好船长。
>
> ——迈克·罗伊

菲尔船长身上所展现的真实性似乎和本书主旨毫无关联，但两者的精髓其实是一致的。广受欢迎的菲尔船长提醒着我们，并非事事完美才能和人们建立密切的关系，而是需要做一个真实自然的自己。真实的形式多种多样、不胜枚举，但是听众拥有火眼金睛，能够观察得一清二楚。

避免朗读幻灯片

2001年10月，第一代苹果iPod发布，随后几天里我随同一位产品市场经理参加了当地的一个用户小组会议。与会者都是苹果的疯狂追随者，他们都渴望了解有关苹果公司最新产品的信息。就之前的各种演讲情况而言，那位产品经理给人的感觉是她对苹果公司的产品了如指掌，iPod自然也不例外。但是，她却并不善于做幻灯片演示，尤其是面对用户团体所做的非正式演讲。她在听众面前表现得比较僵硬和正式，这与听众把自己作为这个团队的成员而不是商业世界中被推销产品的对象的想法不相一致。但是，她没有与听众建立沟通的一个重要原因是其过于依赖演讲中的笔记。虽然只是看了几次，却给许多用户小组组长留下了不良的印象，觉得她好像并非完全理解自己所说的内容。事实上，她对产品的了解程度是毋庸置疑的，但问题是，这样一个简单的看笔记的动作竟会造成与听众失去建立沟通能力的严重后果。

沟通大师贝特·戴克尔（Bert Decker）鼓励演讲者尽可能地避免朗读自己的演讲内容。在《相信别人能够听懂你》（*You're Got to Be Believed to Be Heard*）一书中，他写道："朗读是件枯燥的事……更糟的是，把要演讲的内容一字不差地念出来会显得当事人不够真实和缺乏热情。"这同样适用于幻灯片演示。许多年前，人们习惯于把银幕上的幻灯片内容一行一行地念出来，这种做法现在还存在。在幻灯片上插入大量的文字，然后将它们大声朗读出来的做法只会更加疏远听众，并摧毁与他们建立沟通的美好愿望。

Alltop.com的创建者之一，《魅力：苹果的魔法》（*The Art of Changing Hearts, Minds, and Actions*）的作者盖伊·川崎鼓励人们在幻灯片中使用听众能够看到的大字号文字，他说："这样会促使演讲者首先真正了解演讲内容，然后在每一页幻灯片中插入几个核心文字。"2006年，在硅谷的一次演讲中，面对众多企业家，直言不讳的川崎先生在谈到演讲中朗读稿子的做法时这样说道：

如果你需要在幻灯片中插入8号或者10号字体大小的文字，则说明你不熟悉自己的演讲内容，如果你开始朗读上面的文字，也说明你不了解其中的内容。听众会很快认识到这一点，并因此认为你就是个笨蛋。他们会不断地告诉自己：“快看，那个笨蛋又在朗读幻灯片了。我阅读的速度可比他念得快多了。”

——盖伊·川崎

盖伊的这段话也许会引人发笑，但他说得没错。如果你准备朗读幻灯片，那倒不如立即停止演讲，因为那种情况下再与听众建立沟通、说服或者教授他们新知识的任何努力都是白费的。朗读幻灯片的做法绝不是注重当下的表现，也无助于与听众建立沟通甚至传递信息的目的。

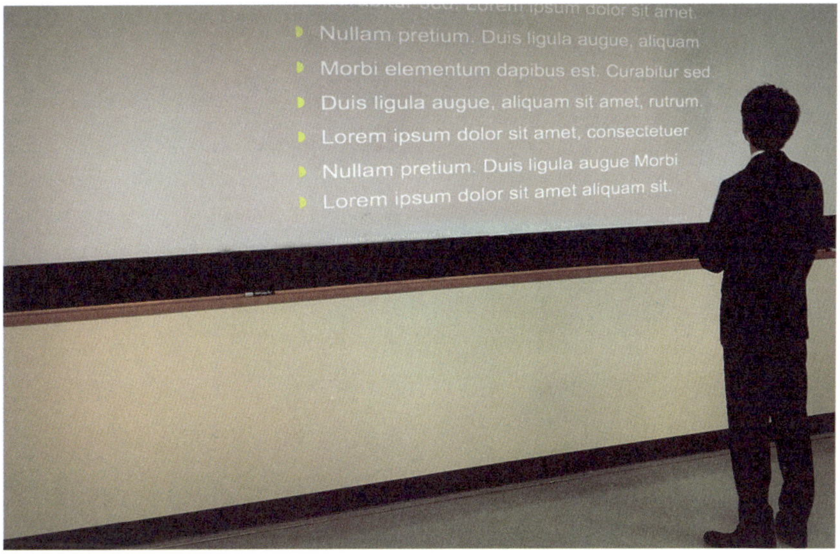

绝不要把幻灯片的内容一字一句地念出来。

映射自己

有一次，我聆听了由一位我十分熟悉的朋友做的演讲。他之前给我的印象是一个充满智慧、自信和富有魅力的人，思维活跃、为人幽默，因此我认为他的演讲理应也会很吸引人。但事实情况并非如此。问题倒不在于他的演讲内容或者准备情况，而是他没有与听众保持所建立的沟通关系。总而言之，在那场演讲中，我认识的那个自信且充满魅力的人并没有真实地展现在那些第一次见到他的听众面前。虽然听众觉得我的朋友是个为人随和、学识渊博的人，但他却在无意中映射出一个软弱、优柔寡断和不自信的人物形象。演讲失败了，换句话说，正是他没有真实和正确地映射出自己的形象，从而影响了演讲内容在听众间的有效传播。

在评估向听众映射自我（和传播演讲内容）的能力的时候，需要考虑以下三方面：着装打扮、走动的方式及讲话的方式。听众正是基于这三个方面来判断演讲者本人的形象，以及演讲中传递信息的有效性。

注意着装

你的着装很重要。正如大多数公众演说导师建议的那样，我们应该比听众穿得正式一点。合适的着装对公司组织以及场合具有重要意义，不要担心过于正式，因为那样总比随意的打扮要强。虽然我们不希望显得与听众之间有所差别，但还是要通过着装来映射自己专业形象的一面。例如在硅谷，一个人的着装也许看上去很随意，但是注重着装和精心打扮的人即使穿着牛仔裤、高品质的衬衫和皮鞋也可以给人专业的感觉。在东京的几乎所有场合，无论男女，穿着黑色的西服是最安全的着装法则。

脱去外套和解开领带以及卷起袖子都可以降低着装的正式度，但是过于休闲的打扮就会显得不太适宜。因此，为保险起见和体现对听众的尊重，演讲时还是选择正式和专业的着装为好。

有目的地走动

如果可能，应在整个演讲中避免只站在同一个位置上的做法。相反，我们应该在舞台的不同位置或者房间的前面多走动，与更多的听众建立沟通的关系。但是，这不包括前后踱步和在银幕前漫无目的地走动，因为这样会干扰听众的注意力并映射出一个紧张而非自信和开放的自我形象。

当你从一个地方走到另一个地方时，步伐尽量放慢一些，走得稳当一些。你可以停下来讲述一个观点，然后再慢慢地向前走，直到再次停下来讲述另一个看法。当有听众从房间对面向你提问时，慢慢地朝他的方向走去，承认他的存在，同时仔细聆听他的问题。只要听众还能听见你的声音，在回答他们提出的问题等情况下有目的性地走近听众是个不错的做法。

当你站立时，双脚自然地放平，与肩同宽。不要像一个准备掏枪的牛仔，双脚紧闭，立得笔直。紧张地直立或者双腿交叉站立会给人造成封闭、防御和迟疑的感觉；即便是放松地站立也会显得很不自然。因为所有这些动作中，你的身体站立不稳会映射出软弱、不可靠的形象。将身体靠在讲桌上的做法也不可取，因为那样会给人造成松懒和疲惫的印象。

大多数情况下，我们紧张时会加快行为的速度，包括手上的姿势。因此，为了映射出一个更加沉着、放松和自然的形象，我们需要时刻提醒自己把速度放慢下来。

面向听众

即便幻灯片是在你身后播放，除了在一些很特殊的情况下需要很快地瞄一眼，演讲时没有必要回过头去看幻灯片。当需要对着银幕做手势时，尽量保持身体不动面对着听众，这样的话在看一眼后就会很自然地把头转回来。略微转身对着银幕上重要的内容做些手势也是可以接受的。但是，仅仅为了提醒自己上面的内容而不停地看着身后的银幕是没有必要的，那样只会给听众带去干扰。除了在极少数情况下需要这样做以外，当你使用计算机来控制和播放幻灯片时，可以将它放在前方较低的位置，这样也就没有必要再转过身看幻灯片了。

目光交流

演讲时面对听众的重要意义在于，你可以与其进行目光交流。与听众保持自然的眼神交流很关键，这也是为什么我反对阅读讲义或者依赖笔记的做法。因为那样你根本无法再去看着听众的眼睛。演讲时的目光应该是自然和真诚的，这就需要演讲者与听众进行实实在在的眼神交流，而不是简单地看着房间的后排或者其他角落。因为一旦被听众发现，演讲者与听众间的纽带关系就会被削弱。如果听众人数少于50名，你甚至可以在演讲中与每一名听众都进行至少一次的目光交流。

而对于听众人数众多的比较典型的幻灯片演示，我们仍然需要挑选一些听众作为眼神交流的对象——哪怕是坐在最后一排的听众。当你看着某个具体听众的眼睛的时候，会给他身边的其他听众造成你也在看他们的感觉。专业歌手在举行大型演唱会时就经常使用这种技巧。但要注意，不要在整个房间里扫视或者很快地瞥一眼某个听众，而是要与坐在不同位置的某个具体听众进行实实在在的眼神交流。

图为品牌交际大师卢森斯基（Jakob Lusensky）在东京TED大会上做演讲时的情景。他在舞台上走动的时候，仍不忘自然地与台下听众进行目光交流建立沟通。
（照片作者：Patrick Newell。）

声音洪亮

优秀的幻灯片演示与出色的对话有着许多相似之处。但是，喝着咖啡和三五知己谈话与午饭后给500名听众做演讲之间还是存在着很大的区别。虽然对话和演讲都是以交谈式的语气进行的，但后者对声音的要求显然更高。如果你满怀热情，那么这种能量会使你的声音变得更加洪亮。演讲时轻声细语是绝对不允许的，但也没有必要大声地喊叫。大喊大叫的力量并不能持久，对听众来说也不悦耳。虽然大喊时音量确实提高了，但是声音的层次和抑扬顿挫感也一并丢失了。因此，演讲时要做到人站直、声音洪亮、口齿清楚，并且避免大声叫喊。

演讲时要使用话筒吗？一般在教室或者会议室大小的地方给10~30人演讲时没有太大必要。但在其他情况下有必要使用话筒。记住，演讲时考虑和关注的不是你自己，而是台下的听众。使用话筒能够使听众更加容易和清晰地听见你的声音。

许多人在演讲时不喜欢使用话筒，而是选择提高嗓门讲话。尤其是男性，他们似乎将谢绝使用话筒而依靠自己嗓音的做法视作男性强壮和坚定特征的体现。除非你是一名足球教练，需要在半场休息期间以大声叫喊的方式激励球员下半场更好地发挥，否则大喊大叫不是一个好办法。也不要像给军队发号施令那样，而要以自然对话的口吻呈现自己的演讲。话筒不仅不会构成与听众建立沟通的障碍，而且还能成为促使你与其进行更亲密交流的助推器，因为在它们的帮助下你可以发出自己最真实、自然和富有魅力的嗓音。

手持式话筒仅适用于简短的演讲或者通告，比较好的选择是无线领夹式话筒，即人们常说的“小蜜蜂”。它的优点是能够解放双手，尤其是当你需要一只手使用遥控器的时候。其缺点也很明显，就是在使用者转头时会造成拾音效果下降。

最佳的选择是无线头戴式话筒，TED大会上使用的就是这种类型的麦克风。它的拾音装置一般就在嘴边或者脸颊旁，且不易被听众发现，其优点是不会出现使用领夹式话筒时发出的衣服摩挲声，同时无论使用者的头转向哪里都能确保拾音效果不受影响。如果有条件的话，演讲时应选择使用无线头戴式话筒。

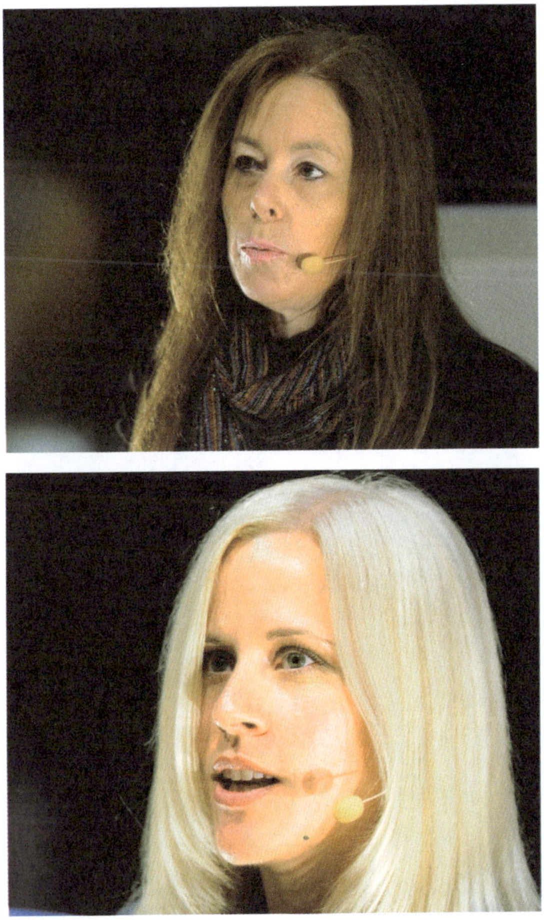

普利策奖获得者新闻记者莱尼·拜耳（上）和著名营养策略家雪莱·斯庄（下）在演讲时均使用了无线头戴式话筒，这种方式不但声音效果好，也解放了双手。
（照片作者：Patrick Newell拍摄于东京TED大会。）

不要关灯

为了与听众进行沟通和建立关系，演讲者本人必须被听众看到。裸演说意味着不隐藏在黑暗的环境中。听众只有看到你的一举一动和面部表情才能更好地理解演讲的内容，因为信息意义的阐释需要通过文字、声音和非文字语言等途径才能达成。而非文字语言对于演讲内容的传播具有十分重要的意义。试想，如果听众无法看到你在哪里，即使看清了幻灯片，演讲内容的丰富性也会大打折扣。

也许关灯能使幻灯片的内容看得更加清晰，但是演讲者应优先考虑不关灯的做法。你可以选择一个折中的方法，即把部分灯光调暗一些。随着现代投影技术的发展，如今我们可以在会议室或者大厅中开着灯进行幻灯片演示。一般来说，大礼堂拥有较先进的灯光设施，能够在把演讲者照亮的前提下将银幕周围的灯光熄灭。总之，不论你在何种环境中做演讲，应确保更多的灯亮着。如果听众看不到你本人，何谈与你进行沟通和建立关系呢？

树立信心

对大多数人来说，包括企业家在内，公共演讲是一件让人感到害怕的事情。为什么呢？我觉得有以下两种可能。

一种是源自大脑边缘系统的恐惧，它属于人类长期进化后的自然反应。毕竟大脑是维持个人生存的器官，边缘系统自然会尽其所能帮助我们强化刺激，并将外界的威胁降至最小。如果从生物进化角度来看，那些能够快速识别威胁和危险，从而免受伤害的人才能最好地生存下来。而现在，你需要从群众中脱离出来，成为曝露于危险之中的“猎物”，或者其他人的目光都聚焦在你身上，这种情况自然会被大脑的边缘系统视作潜在的威胁而做出防御性反应，从而产生恐惧。

另一种可能就是，大多数人童年时能够快乐地站在其他伙伴面前完成“展示和讲述”等类似的活动，分享自己的故事。但随着时间的推移和经历的丰富，大部分人开始变得害怕在人群面前做演讲，因为他们担心别人批评或嘲笑自己的观点，说自己的行为看上去就像一个未成年人。这些记忆会一直伴随我们的成长，不断加深和强化，久而久之便将一个人站在一群人面前做任何举动与负面情绪紧密地联系在了一起。这是除生理因素外造成人们在公众面前演讲会产生恐惧的根本原因。

无论这种害怕在大众面前做演讲的心理是天生的还是后天原因造成的，有一点是毋庸置疑的，那就是大脑一旦发觉这种威胁以后，下丘脑就会介入并产生肾上腺素，使人产生恐惧的感觉和逃脱的冲动，人们称之为“战或逃反应”。这是一种令人难受的感觉，更糟的是，一旦大脑的边缘系统介入其中，我们的前叶皮质就会暂时失效，从而导致注意力无法集中，干扰解决问题以及思考的能力。

控制恐惧感

我之前讲过，演讲时不能向听众承认自己紧张的事实，但是，自己清楚认识当下的情绪却可以帮助演讲者调节和控制恐惧。不要试图压制情绪，那样只会使事情变得更糟。在《工作中你的大脑》（*Your Brain at Work*, 2009）一书中，作者大卫·洛克提出了两种应对恐惧的认知策略。一种是贴标签，即把当下的情绪写出来便于识别。这虽然不是一劳永逸的办法，但可以缓解人们经历负面情绪时的感受。另一种调节情绪的方法是对其进行重新评估，即改变对你所经历着的情绪的阐释方式，并重新赋予概念。与其让这些负面情绪吞噬自我行为的能力，不如在每次感到害怕的时候立即告诉自己："看来'战或逃反应'又介入了，这很正常，没什么好担心的。其他人也会碰到类似的情况，只需要深呼吸和伸展四肢就好了，没什么大不了的！"

另一个能够很大程度地缓解焦虑情绪的方法就是做好充分的准备。对演讲的内容掌握得越充分，演讲时紧张的情绪就会越少。如果认真设计了逻辑结构以及相应起支撑作用的材料，做到既专业又恰当，那就没有必要紧张或担心了。此外，事先演练几次也能在某些程度上帮助克服恐惧感。因为未知，所以恐惧。如果做了充分的材料准备和排练，明确知道下一张幻灯片的内容，并且尽可能地预料某些问题，我们就可以（部分）消除未知，从而减少恐惧感，取而代之的是自信心。

通过训练可以提升自信心，使人变得更加放松，从而增强演讲的自然性和吸引力。只要停止不断地唠叨和自我怀疑，不再纠结于技术和担心成败，我们就能全身心地投入于演讲中，更好地与听众建立沟通。只是一场演讲而已，要相信在演讲的当下自己是做得最好的。演讲者是普通人，听众也是。

站在公众面前会令人产生恐惧，承认这种情绪有助于缓解压力。这张照片是畅销小说作者贝瑞·艾斯勒在东京TED大会上做演讲时的情景，他通过采取走近台下听众的方法达到与其建立更好的沟通和关系的目的。
（照片作者：Patrick Newell。）

赖斯·柏森（Les Posen）

赖斯·柏森是一位来自澳大利亚墨尔本的临床心理学家，他凭借在脑科学方面的知识，试图通过神经系统学帮助演讲者更好地呈现幻灯片演示。

应对演讲时的恐惧心理

假设你已经根据最新规定准备了内容翔实的幻灯片演示，并向会议主办方发送了个人简历。一切似乎万事俱备。但是，当你试图进行排练从而把握演讲的时间时，恐惧和紧张的心理会再次向你袭来。你会想，糟糕，它们又来了。有关公共演讲方面的书籍和网站无不告诉着人们，公共演讲是一件比死亡更令人感到恐惧的事情。但你要知道，做演讲的人不是你一个。最后你会发现，面对演讲时产生的恐惧是可以通过采取一些措施来应对和克服的。这还得从神经系统学中的恐惧概念说起。

大约6万年前，人类的大脑进化产生了一种奇妙的系统，它具备抵抗环境威胁的强大防御能力。有时，这种防御是转瞬即逝的，例如，当一只飞虫突然撞上汽车的前挡风玻璃时，人们会自发地眨一下眼睛（虽然“知道”它不会撞上我们的脸）。有时，具有决策和计划功能的大脑的某部分系统也会介入，对潜在的威胁发出警告。就演讲而言，无法与听众进行沟通、想法无法得到认同或者在500双眼睛面前变得茫然无助的情形都将令人产生恐惧。从古至今，不论是帝王君主还是更多的臣民百姓，当他们被许多人盯着看的时候都会产生恐惧感。因此有必要探索应对恐惧的方法。

通过理论研究和实践，临床心理学家发现了数种可以帮助克服恐惧的方法，对控制无论是天生还是后天环境造成的恐惧产生了积极作用。

在这里与大家分享以下五种处理恐惧的方法。

1. 分解和暴露

首先明确演讲时面临的各种挑战，将其分解成可控的小部分，随后有意将自己曝露于其中，一步一步逐一击溃它们。

2. 排练

排练时除了估算演讲时间，还要让自己讲出声来。想象自己站在一大群听众面前的样子，针对听众可能产生的积极和消极的反应分别进行相应的排练。

3. 自我对话

当怀有自我批评和否定的想法时，例如，“我要是做砸了怎么办？我讲的笑话没人笑怎么办？这个很难做好吧？”等，焦虑和担心的情绪就会乘虚而入。应该将这些想法转变成“我可以做好，只要按照排练时的样子做，那些恐惧我能够承受和处理好”。

4. 缓慢呼吸

有意识地放慢呼吸，使大脑放松下来。慢节奏的呼吸而不是深呼吸对于调节恐惧感更能产生积极的意义。

5. 有意练习

练习演讲的开头部分，明确有挑战的地方，然后不断练习再练习——要把演讲内容大声讲出来。这个方法很有效，我自己就是这么做的，并且推荐给我的客户们。这种方法同样可以应用于其他方面，不只是幻灯片演示。

不为，将生怀疑和恐惧；为之，则生信心和勇气。克服恐惧之道，非坐于室内，百思不解；而在于走出去，行动起来。

——戴尔·卡耐基（Dale Carnegie）

本章小结

- 快速出击吸引听众的注意力并建立最初深刻印象的方式有许多，我将其概括为“出击五招式”，分别为个性化、出人意料、奇妙新颖、挑战权威和诙谐幽默。

- 注重当下的演讲者能够与听众在某种程度上建立沟通，在演讲的那一刻，他是真诚地希望与听众进行全心全意的对话的。

- 除了演讲本身的内容，在评估自己向听众映射的形象时应注意以下方面：着装打扮、走动方式和讲话方式。

比起谙熟某些事实，还有其他更能让人受到启迪的。

——尼尔·德格拉斯·泰森（美国天体物理学家）

4

密切关系：热情、亲近感和娱乐性

台上演讲者背着准备好的内容，台下听众被动听着演讲、做着笔记是当今最常见的演讲方式。但这种方式并不能达到指导、激励或是启发听众的效果。如果你是为了传播信息，那更好的做法是向他们分发讲义，而完全没有演讲的必要。演讲结束后，我们希望听众能够发生某些变化，即使是细小的变化，包括在听众的知识、意识、行为等层面。但是，只有与听众建立联系才有可能达成这个目标。如果没有这种联系或者纽带，改变将无法发生。真正的联系需要演讲者和听众情感的投入，但是责任主要还在于我们演讲者。在本章中，我将讨论演讲中所必需的有助于与听众建立联系纽带的三要素：热情、亲近感和娱乐性。

展现热情

日语中的“热情”一词由中文汉字“热”和“情”构成。虽然词源不同，但是一谈到“热情”这个词语，人们首先想到的便是与爱相关的强烈情感——对某人的爱恋以及对音乐、艺术、教学等其他在生命中激发个人兴趣的热爱。“热情”包含热忱、精力充沛等情感。情感（绪）是人类拥有的美好的感觉，但也要学会控制情感从而在生命中获得成功。自我调节情感的能力与在学业、工作及生活中取得成功之间有着巨大的关联。

在谈到如今的幻灯片演示和呈现时，普遍的问题不是展现了太多的情感，而是演讲者非常缺乏情感的投入，最常见的便是缺少热情和热忱。公共演讲咨询师、《会议急救》（*First Aid for Meetings*）的作者查尔斯·霍金斯（Charles Hawkins）就明确表示了热情的必要性，他说：

> 我在芝加哥大学拥有十余载教学经验，期间指导过的MBA学生达到数百名，我发现热情是衡量一位演讲者到底是杰出还是普通的最佳指标。那些敢于表达对话题的热烈情感的演讲者往往能够取得较好的演讲效果，这是为什么？他们通过展示情感与听众建立关系，而这种关系一般不会出现于直白的以分析为主的演讲中。
>
> ——查尔斯·霍金斯

有些时候，演讲者对于某个话题确实没有很高的热情，甚至非常不情愿与听众分享自己的观点和看法。更多时候，演讲中缺乏热情的原因是演讲者对映射自己的情感、真实感受或是对话题的强烈兴趣犹豫不决。展现你的热情（和自我）是有风险的。呈现信息内容的做法自然要简便得多，但是设想听众仍然在聆听着你的演讲，除了提供信息，你还希望为他们增加什么价值呢？

为何害怕展现热情

许多人以为讲话热情——能言善辩、充满希望、热忱积极的人只是徒有其表罢了。他们认为情感并不会在演讲中发挥作用，在他们看来重要的是内容和证据，仅此而已。具有讽刺意味的是，那些强调内容就是一切，情感或者热情无关紧要的人们，其这种对待方式本身就是一种强烈情感的体现。我曾经碰到过许多这样的人，对他们的看法有一定的了解。他们表示，演讲内容的质量和结构才是决定演讲是否成功的关键，而呈现方式、个人品质，以及幻灯片简单、清晰的设计理念等并不是必不可少的。

他们都犯了这样一个认识上的错误：没人说呈现方式、个人品质及情感沟通是确保演讲成功的唯一要素，我们只是说它们都是“必要”的，因为那都是人们在实际演讲中所缺少的东西。翔实的演讲内容当然也是必不可少的，但是仅有领导力、交际力和冲击力也是不够的。如果你企图发起一场改变世界的运动，或者试图广泛传播你的新思想，那么必须要做好准备展示你的热情。你不必装得油嘴滑舌、阿谀奉承，也不必长得高大英俊、风流倜傥，但必须要试着与听众建立沟通和关联的纽带，激发和鼓舞他们。领导者就是这样做的，裸演说者也应同样如此。

热情是天资才华的起因。

——安东尼·罗宾斯（Anthony Robbins）

来自于表演者的启发

不久前，我通过观看传奇乐队Earth Wind & Fire的现场表演再次认识到了热情对于沟通和交流的重要影响。表演现场的前部和中部位置都设有座位（虽然我们在观看过程中一直站着），使得观众能够看到一位没有使用麦克风的热情表演者的演出。你也许并不知道他的名字——维汀·怀特（Verdine White）。他是乐队的贝斯手，也是乐队元老成员，他的哥哥莫里斯（Maurice）最早成立了这支乐队。

怀特是一位杰出的音乐人，他的指尖流露着朋克和灵魂乐的浓烈气息，是乐团的核心。他那晚使我感受到了真诚展现的热情所带来的令人难以置信的力量。怀特不仅只演奏贝斯，还会与他的粉丝进行沟通和交流，仿佛他们是其生命的延续。他跳跃、飞奔或是穿越舞台的同时不忘展现真诚、迷人的微笑。顺便说一下，那时的他已经55岁了。多么充满活力啊！

舞台上的乐队成员不仅是音乐人、艺术家，同时也是故事的讲述者和演讲者。和一场出色的演讲一样，他们需要有充实的表演内容和强大的视觉效果，能够调动观众的情绪并与其建立沟通的联系。怀特的表演体现了演讲者应同样具备的某些个人品质，包括：热情、活力、真诚、微笑和投入。你曾经见过多少场演讲者同时展现上述五种品质的演讲呢？

我们都是社交动物，天生应被联系在一起。我们创造语言和文化，共同工作、跳舞、玩音乐等。你是否想过人们为何要花钱去看现场演出吗？有人也许会说是为了音乐，但我们完全可以在家聆听拥有更高音质的CD。现场表演的魅力在于它能够带给人们更加丰富的体验和享受，看着音乐人的面部表情和身体移动，感受他们的感受。当人们看到和感受到表演者展现的热情时，这种体验将给人留下深刻的印象。

的确，节奏布鲁斯和灵魂乐表演与商业演讲存在着一定差别，但从根本上讲，它们都是真诚的表演和演出。戴尔·卡耐基曾经在《如何通过公共演讲树立自信和影响人们》（*How to Develop Self-Confidence & Influence People by Public Speaking*）一书中提到："全身心地投入你的演讲，展现真实的情感比遵循所谓的规矩将带来更大的帮助。"他同时还谈到了演讲中展现活力的重要性："活力能够感染人，人们围绕着充满活力的演讲者就好比白鹅簇拥在麦田周围一样。"卡耐基也谈到了真诚微笑、对听众产生兴趣的重要性。他说："如果我们对听众产生兴趣，那么他们也会以同样的方式对待我们。"

我们会被充满活力的演讲者所吸引，这就像对热情的表演者无法抗拒一样。

对听众产生兴趣

如果演讲者考虑到听众的感受，那他们通常会担心自己被认为是个无趣的人。但是，问题在于我们不是要展现自己显得多么有趣，而是要突出对听众有着浓厚的兴趣。对自己的工作或者话题及听众感兴趣的人会对我们产生吸引力。我们喜欢那些乐于分享自己热情和兴趣的人。人们只有在做自己十分感兴趣的事情时才能展现热情。我们喜欢聆听那些人的演讲。一个人可以很容易就使自己表面上变得很有趣，而且一旦他对某件事物持有浓厚兴趣，就能够聚拢人心、激发好奇心和求知欲。当我们得知自己令演讲者产生了兴趣以后，我们彼此间的距离也被拉得更近了。

告诉人们自己为何会对某个话题持有浓厚兴趣，以及为何听众也许同样如此是件很自然的事情。人们能够看到你的热情，并感受到它的真实性。这不同于仅仅使用某些表演技巧，例如大声讲话、强调重要的内容或者使用夸张的肢体语言等来展现热情或者显得与众不同。我们无法伪装真实的兴趣和随之而来的热情。因此，问题不是“我该如何使听众觉得自己更加有趣”，而是“我该如何展现这个话题或者信息本身，以及这些信息对听众的重要性”。

调动情感

信不信由你，我们都是情感动物。逻辑是必要的，但在演讲时只有逻辑是远远不够的，还必须调动“右半脑”。演讲时情感的调用是十分必要的，却也是人们经常忽略的。《职场秘密语言》（*Why Business People Speak Like Idiots*）一书的几位作者这样写道：

> 在商业世界中，我们的本能是以使用左半脑为主，通过建立观点，然后使听众服从于一大堆事实、数字、历史图形和逻辑……只是，这些事实依据总是与真实的你背道而驰，违背你的经历、情感或者认识。结局也许不公平——事实一方每次都输。
>
> ——布莱恩·弗戈赫（Brian Fugere）、切尔西·哈德维（Chelsea Hardaway）和乔恩·沃肖斯基（Jon Warshawsky）

作为演讲者，说服听众改变固有的想法或者采取新的行动不是一件容易的事情。人们往往会太过于关注个人的丰富经历，忽略新信息或者对其持怀疑的态度。即使有再多的科学依据或者客观事实（那些都有悖于他们现有的观念和想法）作为支撑也是徒劳的。

理查德·布里斯林（Richard Brislin）是夏威夷大学的一位教授，他在《认识文化对行为的影响》（*Understanding Culture's Influence on Behavior*）一书中也曾谈到类似的现象。他讨论了人们为何在拥有相反证据的情况下还会得出迟疑的结论。比方说，你通过阅读各种口碑较好的期刊上的报告得知，西雅图是一个年轻图形设计师的天堂，那边这一职业的收入不菲。在这种证据下，你开始寄送个人简历，与各家公司联系，寻找去西雅图生活的一切可能。后来，当你把希望搬到西雅图去住的想法告诉朋友丽莎以后，对方既生气又惊讶。她说：“我弟弟拥有伯克利大学的设计学位，他在西雅图待了一年还没有找到一个全职的设计工作！”随后讲述了他弟弟在那边的糟糕经历。

这时，你就会遇到两种截然不同的事实：你朋友的话和一大堆文档信息。你该相信哪一方呢？根据在社会认知方面的研究，布里斯林表示，大多数情况下我们会倾向于朋友提供的信息，因为它们相比期刊上冗长的报告更富有感情色彩。事实是，丽莎通过讲述她弟弟的故事使得我们对那些信息留下了更深的印象。

我们的任务很艰巨。听众往往带着自己的情感、经历、偏见和认知而来，与我们准备的数据和材料并不吻合。因此，我们必须谨慎行事，不能以为这些数据材料能够自己表达其背后的意义，无论它们多么明显和直接。就算拥有最好的产品和可靠的研究，但如果策划了一场无聊枯燥、缺乏热情的幻灯片演示，那也不会取得成功。杰出的演讲者不仅具有左脑的逻辑性，还懂得调动右脑的情感，从而构成“完整的思维”。

每位听众都是与众不同的，有些人会对演讲持更强烈的怀疑态度。不管怎样，优秀的演讲者必须满足听众对逻辑以及情感上的要求。

情感与记忆

如果你通过讲述一个相关的故事、展示一张出人意料的图片或者一条令人惊奇（伤心或者感人等）的数据成功地调动了听众的情绪，那么演讲的内容会在他们的大脑中留下更深的印象。当你的听众有了情感的波动时，大脑边缘系统中的扁桃腺会向人体释放多巴胺，后者非常有助于记忆和信息处理。

我们可以在电视广告中感受到这种情感上的调动。最好的例子是苹果公司的获奖广告《1984》。这部广告时长60秒，通过调动观众的情感达到影响和传播信息的目的，在第18届超级碗比赛现场进行播放，向全世界介绍了苹果公司的Macintosh，被认为是史上最佳和最令人难忘的广告之一。它并没有试图通过逻辑解释来说服人们购买这一新型计算机，而是借助一位女运动员的奔跑等一系列行为的映射，将人们从固有思维的枷锁中解禁出来。广告中，一个大银幕上播放着一位“老大哥”式的官员不停地讲着话，台下则坐满了一群毫无生气和百般顺从的人们。突然，一位女运动员跑了进来，并在安全警卫追到她之前成功地将手中的锤子砸了出去，银幕随即发出“砰”的声响。在这个广告中，工业时代的蓝灰色基调与女运动员亮红色的运动短裤和隐约可见的白色苹果计算机形成了鲜明的对照。在这部60秒的广告片中，各种冲突和对比成功地调动了观众的情感，比如性感诱惑、恐惧及惊讶等。

虽然你的情况不同于制作一部60秒的广告，但也可以从中获得启发。例如，试着问自己你通过演讲希望销售的是什么。不应该是某件产品的特点或者东西本身，而是所要销售的这件东西的经历及与其相关的所有情感。生动的故事和例子能够调动听众的情感，使其融入你的演讲。

情感的感染力

几年前，我在一次去丹麦的出差途中与朋友一起游览了位于哥本哈根的狄佛里公园。这座1843年建成的游乐园启发了当时梦想着建造一座属于自己的梦幻乐园的华特·迪斯尼。在狄佛里公园内，我深切地感到感染力的影响和力量。周围游客的情感表现会以一种令人无法察觉的方式感染我们。在我们走过某个游乐设施时，会听到上面游客的尖叫声，他们既兴奋又恐惧，而地面上的其他游客也可以驻足观看，分享他们的乐趣。

图为哥本哈根狄佛里公园的一处景点。

游乐园内一片欢乐的气氛。我甚至愿意花更多的时间就这样坐着，看着那些完全陌生的游客们的微笑，听着他们的笑声，体会他们的快乐。坐在我身旁的一位老奶奶望着正在游玩的孙女，每次听到她发出的叫声也会不由自主地兴奋起来。那位老奶奶同样感受到了快乐。我也是。奇妙的是，虽然我并没有自己坐上去体验那种快感，却也能因周围其他人所流露出的兴奋和快乐而感到高兴和满足。情感是有感染力的，人群中的每一个人都能感受得到。在哥本哈根的那个晴朗午后，我们体会到了情感具有的强烈感染力，那是一种感知他人的感受和情感的力量，哪怕只是模仿他们的面部表情和心情。

镜像神经元

在过去的10年里，研究人员在意大利帕尔马大学早期研究结果的基础上对一种名为镜像神经元的物质有了更深入的认识。镜像神经元是大脑中的一个神经元，它会在人们做着某事或者观看他人做着相同事情时发生作用，无论人们是否发生移动，就好比你作为一名观察者做着你的观察对象正在进行的行为举动。这也许能够解释为何观看体育比赛对大多数人来说具有如此大的吸引力，因为从某种意义上说，他们在观看比赛的过程中感知着运动员相同的感受。当然，看别人做和自己做是两回事，但就人类的大脑而言，两者之间具有极为密切的关联。我们通过观察他人获得知识，甚至养成坏习惯。当我们看到某个行为的同时自己也正做着相同的事情时，镜像神经元就会产生作用。因此，在模仿一项新行为以前，镜像神经元已经在我们的大脑中重构了那个行为。

我们的大脑善于模仿他人的行为，但重要的是，它们也善于感知他人的感受。镜像神经元或许与同理心有关，是一项重要的生存技巧。研究发现，当一个人正在经历某种情感或他发现其他人也具有与自己同样的情感时，在这两种情况下，其大脑的同一片区域都会变得同样活跃。但凡看到他人表现出热情、欢乐、焦虑等情绪时，研究人员相信镜像神经元都会将这些信息传递给控制情感的大脑边缘系统。从某种意义上说，大脑中存在一个感知他人大脑思想的地方，它能够感知他人的感受。

如果一个人的大脑能被他人的行为和感受所激活，那这会给我们的演讲带来什么指导意义？如果我们具有感知他人感受的本领，那么，在我们聆听疲倦不堪和心不在焉的演讲者讲话时也会感觉同样的无聊和乏味，哪怕演讲内容对我们再有帮助。你是否有过这样的体会：当看着演讲者站在台上面无表情地重复抽动嘴边的肌肉讲话时，你是否也会同样感觉身体僵硬和不适？

我们获取知识首先通过观察别人，其次通过动手做。同理心和换位思考能够帮助我们建立沟通，正是这种沟通使得我们理解和获取新知识成为可能。但是，如今大多数演讲者禁锢于正式和陈旧的方式，在台上往往缺少热情和肢体语言。丰富、自然的情感流露将有助于表达演讲的内容，因为它们激发了听众自发地感知我们的感受。当我们表现的是热情洋溢时，只要那是真实发自内心的，大多数听众都会不同程度地将这种情绪作为镜像折射出来。

演讲内容固然重要，但是使听众感受你的感受也同样意义深远。再出色的内容配以再完美的幻灯片，如果缺乏了情感的投入，那也称不上成功的演讲。因此，我们需要在演讲中影响听众感知自己的感受。我见过不少失败的演讲，其原因不是内容偏题或者结构不清，而是由于演讲者因为缺少经验或者紧张，给人的感觉仿佛在朗读沉闷的颂词而不是投入饶有兴趣的演讲。只要类似这种表述持续10~15分钟，不论什么话题，演讲者都很难再与听众建立沟通或产生联系。演讲中，你的故事和台下的听众固然重要，但是真实的情感会对你的演讲内容产生直接而强烈的影响。

微笑的力量

对于大多数演讲的话题而言，真诚的微笑对于吸引听众注意力，与其建立沟通具有积极的作用。我曾在大阪度过的一个美妙夜晚，使我有机会再次领略了真实微笑对建立情感联系的重要意义。事实上，我在那个夜晚和其他听众一样受到了一位名为吉田美和的表演者微笑的启发和鼓舞。今年46岁的吉田是梦想成真二重唱组的成员之一，拥有天籁般的嗓音，在灵魂乐、爵士乐和福音乐等方面造诣颇深。那晚除了精彩的音乐表演，长达三小时的音乐会给我留下最深印象的是吉田美和（Miwa Yoshida）及其搭档中村雅（Masa Nakamura）流露出的富有感染力的微笑。

微笑可以感染人，但不能装笑或者强笑，因为人们可以辨别你的微笑是否真实、是否发自内心。实际上，已有研究表明，如果你的微笑并不真诚，听众就会认为你是一个不可靠或者虚伪的人。

马汀·塞利格曼（Martin Seligman）在《真实的快乐》（*Authentic Happiness*）一书中将微笑分为两种类型："杜乡的微笑"和"泛美式微笑"。前者指发自内心的微笑，表现为面部和眼部周围肌肉的运动，可以通过观察眼角的皮肤来辨别微笑的真实性。而泛美式微笑是假笑，体现为主观上故意的嘴角上扬。后者多见于服务行业的礼貌性微笑，人们只是尽自己所能却并非发自内心。但是，如果演讲者或者表演者看上去很享受，并且很高兴为听众演出（事实上确实是），那么就会自然地打动听众，并与他们建立沟通。因为真实的微笑已将那种心情反映得淋漓尽致。既然听众可以感受演讲者的感受，为何不使他们感到更加舒适和自然呢？

无论是演讲还是表演，真实的发自内心的微笑有助于与听众建立真正的联系。

有些科学家、医生、工程师等专业人士在做有关技术方面的演讲时经常忽略了微笑。他们也许会说，面带微笑和情感调动更适合从事市场营销或其他普通的演讲者，自己从事的都是严肃的职业，因此微笑并不合适。实际上，微笑并没有所谓的严肃和不严肃之分。无论你在现场演讲中是否使用幻灯片，你的对话都应该始终具有画面感。在你以为听众只需记住你的讲话的同时，他们实际上更在意他们的所见和所感，这其中就包括你的面部表情。

亲近与互动

我在过去20年里到过世界许多地方进行教学和演讲，这些经历告诉我演讲者与听众，以及听众与听众间的物理距离对演讲是否吸引人、效果是否好具有十分重要的影响。虽然这点经常被人所忽略，但是空间环境对于非语言交流和互动质量具有深远的影响。受到爱德华·霍尔（Edward T. Hall）在人际距离学方面的启发，我以为，与听众建立沟通和关系的第二法则可以称为亲近原则。人际距离学是一门研究人与人之间的非语言交流受到空间距离的影响的学科。已有结果表明，人与人之间的距离会对交流和沟通产生影响，而这些影响又受到个体和文化的差异而有所不同。

大多数教室中充满着障碍。但是这位芬兰学生把计算机放在了教室的最前面，人也从讲桌后面走了出来，使自己更加靠近听众以及银幕。

文化决定了有关个人距离的观念。但是，要做到裸演说，就必须尽可能地使自己亲近听众，以及希望听众之间也互相靠近。

虽然人与人之间的距离存在一定的限制，且每次情况不尽相同，但仍可遵循以下基本原则：1）缩小你与听众之间的距离；2）在考虑当地个人距离观念的前提下尽量使听众间的距离靠得更近；3）去除你与听众间产生距离感的障碍，无论这种障碍是物理上的还是感官上的。听众能够感知无形的障碍所产生的距离感，比如演讲者使用了过于正式的语言或者只有某些特定听众才能听懂的行业词汇和专业术语等。同样地，技术手段如果使用不当也会给听众造成距离感，哪怕物理上离听众再近，也会影响与他们建立良好的关系。

跨越障碍

你也许听说过歌手菲尔·柯林斯的名字，其实他最早出道时是一名鼓手。随着音乐生涯的发展，他从一名坐在舞台后面的鼓手渐渐成为走到舞台中央的歌手。他是一名出色的鼓手，因此当他最近一次在EM大剧院表演时，别人向他提问如何产生一边打鼓一边唱歌的想法，他这样回答：

> 大多数歌曲是从嘴里唱出来的。没错，从距离上来讲选择在架子鼓后面唱歌没有什么问题，但是听众们希望看到你的脸。如果你在架子鼓后面演唱，则是很难与他们建立关系的。这就是为什么我选择站到前面来的原因。
>
> ——菲尔·柯林斯（Phil Collins）

在他早期还是创世纪乐队一名成员的时候，柯林斯说，自己在架子鼓后面演唱时仿佛被盖上了一层安全毯，感觉相当安全。20世纪70年代，卡伦·卡朋特（Karen Carpenter）也喜欢站在架子鼓后面唱歌，因为他害怕站在舞台前面和舞台中央。可是，只有从架子鼓后面站出来才能与台下的听众进行真正的交流，并与其建立更加紧密的关系。

从距离上讲，站在架子鼓后面演唱也是可行的，甚至不会对演唱水平造成任何影响，但却会妨碍与听众建立沟通关系。同样地，如果你站在讲桌背后演讲，你的讲话听起来或许没有差别，但是与听众间的关系却被削弱了。一场在大学毕业典礼上所做的15分钟演讲也许可以使用讲桌，但在其他情况下，讲桌的使用只会构成障碍。当人们赶来听你做演讲，希望从中获得知识、受到鼓舞和启迪时，你需要去除一切可能出现的障碍，无论这些障碍是有形的还是无形的。

在这场演讲中，我搬走了讲桌，把投影仪和计算机放在了听众视线以外的地方，使得房间内没有障碍。

使用遥控

如果你在一场多媒体演讲中只需要使用上一页、下一页、停止和播放影片等功能，那么建议使用的遥控器越小巧越好。遥控器对于一个做演讲的人来说是必不可少的，你没有理由和必要选择站在讲桌后或者桌子旁用计算机控制幻灯片的播放。选择一个小巧的遥控器不仅可以使你在舞台上或者房间里自由走动，还能更加深入和走进听众。

如果你在演讲中需要使用除了简单的前进、倒退等以外更高级的功能时，那么可以走到计算机旁打开某个程序、演示登录某个网站等。但是，在其他时间你需要回到舞台中央。医生、研究学者同时也是演讲者的汉斯·罗斯林（Hans Rosling）就十分善于这种做法。当他有时需要调用某些数据或者启动Gapminder程序时，他会走向自己的计算机。但他会花较多的时间站在银幕前或者靠近的位置向听众解释如何去阅读这些数据，为他们指明要点。罗斯林是一位充满热情的技术型演讲者，能够吸引听众的注意力，使用可视化效果与听众建立沟通和关系。而这需要感谢他经常从讲桌背后走出来，去除了与听众间的障碍。

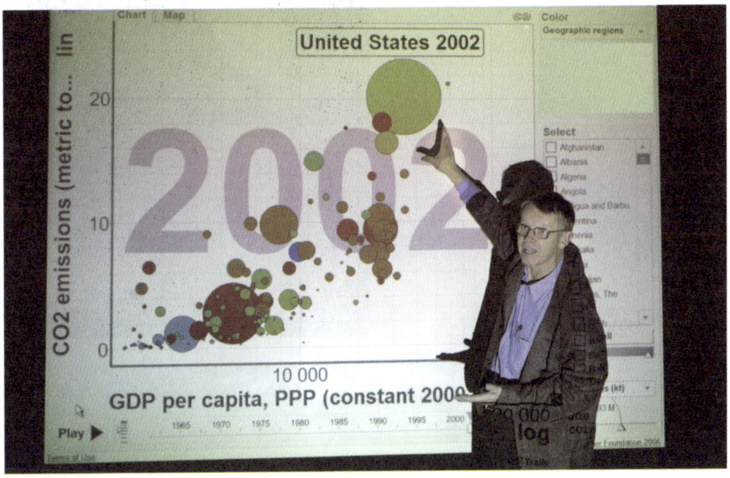

汉斯·罗斯林去除了与听众间的所有障碍，全身心地投入于自己的演讲之中，努力使听众更好地理解自己的内容。
（照片作者：Stefan Nilsson。）

模拟演示

模拟演示的目的在于，一方面检查软件是否正常，另一方面检验演讲的站位是否恰当，听众能否看清你和你身后银幕上的信息。在你使用计算机时也可以与听众保持沟通的关系，只要你确保自己的对话没有间断，就继续推进演讲。苹果公司联合创始人史蒂夫·乔布斯（Steve Jobs）就是这方面最好的代表。Citrix公司的CEO马克·坦普顿（Mark Templeton）也十分善于以友好、吸引人的方式演示公司开发的软件。

Tableau软件公司的CEO克里斯丁·乔伯特（Christian Chabot）是另一位善于在演示中与听众建立关系的高科技公司领导人。乔伯特在2010年度公司客户大会上做了一个主题演讲时称："2010对于数据来说是黑暗的一年。"随后开始描述商业智能的现状，包括产品上市缓慢、成本开销大和较低的用户使用率等。他还谈到了有关用户界面方面的"黑暗"故事，例如陈旧的程序、复杂的脚本和中央集成的数据结构等。在介绍完现状后他大声说道："人们开始设想一种全新的商业智能方式！"于是他推出了Tableau 6.0软件，并展示了这一新版本的强大功能，以及如何快速高效地查询和分析庞大的数据。

Tableau软件公司CEO克里斯丁·乔伯特

乔伯特在演讲过程中始终与听众保持着眼神的交流，带领他们进入一场探索之旅，给人的感觉是经历了一场简短而有趣的纪实片，而不是一个软件演示秀。Tableau软件成功的关键是为用户提供了一个能够讲述数据故事的优秀平台。虽然乔伯特演讲时因为要演示软件而站在了讲桌后面，但是他的演示十分精确，演讲也很吸引人。因为他向听众展现的是一位充满热情和友善的故事讲述者的形象。

隐藏技术手段

别让所谓的技术或伎俩剥夺了你演讲的体验。许多时候，人们在使用多媒体幻灯片演示时过于在意软件和计算机等技术手段的使用。这些技术和手段应该尽可能地被隐藏起来。例如，在你连接计算机和投影仪时，在没有完全打开第一张幻灯片以前，不要把内容投影在银幕上。而许多人的做法却是从开机画面到选择、打开幻灯片文件都显示在听众面前。于是，听众会在不经意间看见你的桌面墙纸，然后才看到演讲的第一张幻灯片画面。再精美的墙纸也无关乎你的演讲内容！这些都会影响听众对当下演讲的投入和削弱演讲的目的性。要知道，演讲关乎的不是使用的软件，而是传递的信息和讲述的故事。

不要让演讲中断

演讲中如果出现了小错误该怎么办？千万不要停下来，而是继续你的演讲。就这一点我们可以向专业演员学习。在大阪观看索拉奇艺坊的马戏表演时，我注意到其中一名空中单杠演员失误掉在了底下的网上，但是演出并没有因此而暂停，而是继续正常地进行，仿佛这件事没有发生一样。问题不在于那位演员的失误，而在于继续使观众欣赏和感叹其他1000多种成功的表演。观众或许根本没有注意到那次失误，他们往往更加陶醉于整体的画面和效果。同样地，在演讲中，听众并不知道也不在乎你是否遗漏了某张幻灯片、颜色显示是否最完美等事情。既然如此，我们为何还要纠结于追求完美呢？当我们犯了某个技术上的小失误时，不要就此中断而影响演讲的进程。如果技术上出现了不可挽回的失误，那我们也得做好相关预案和准备，比如参考没有图画的讲义或者利用白板手绘进行演讲等。记住，就算演讲过程中出现了小失误也不要因此而停下来，我们必须让演讲照常地进行下去。

肯·罗宾逊爵士谈公共演讲

肯·罗宾逊爵士是一名教育家和创意专家，也是至今最受欢迎的TED大会演讲者之一。他在创意和教育方面的思想以及特有的演讲风格对人们具有深刻的启迪意义。他在各地做演讲的频次很多，但却很少在演讲中使用多媒体手段。在与国际导师网络组织（IMNO）合作的一次播客中，他简单地谈到了公共演讲和幻灯片演示的话题，以下就是他所推荐的关于公共演讲的六大要点。

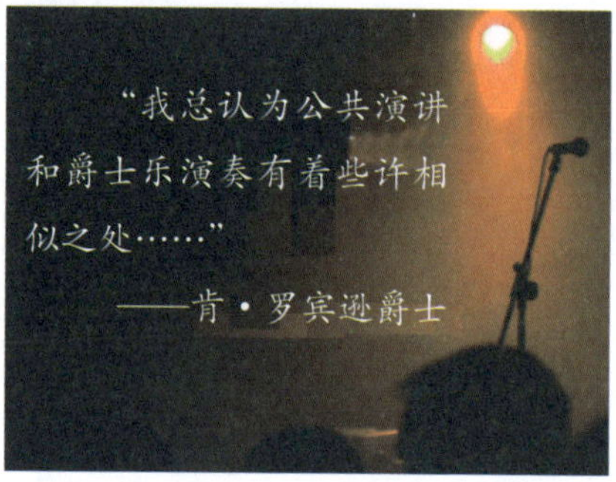

1. 牢记演讲对象是个体

听众的数量并不重要，应该把你的演讲对象看作独立个体的集合。因此，无论听众有多少都应自然地呈现演讲。

2. 尽可能地放松

听众会因为你表现得放松而变得同样放松，因此在演讲的一开始就要尽可能地放松自己。这看起来是一件不起眼的事情，但却可以产生巨大的效果。

3. 开展对话建立关系

保持精力充沛，做到放松、自然，以对话式的口吻进行演讲。但这并不意味着演讲时拥有与好友在咖啡厅聊天时相同的状态。罗宾逊说，他从听众身上获得了许多能量与热情，因此与他们建立关系显得格外重要。如果你建立了这种关系，并拥有了这股能量（反之亦然），那么演讲的影响力及信息会变得更加有效。

4. 熟悉演讲内容

熟悉自己演讲的内容也许对你来说是一件显而易见所需做好的事情，但为什么还有许多人需要准备详细的笔记呢？一部分原因是因为害怕在演讲中出现紧张情绪或受到干扰，或者仅仅是人们养成的一个习惯而已。如果你十分熟悉自己演讲的内容，则只需要在纸上写下一些要点，起到提醒自己演讲结构的目的即可。罗宾逊说，他会仔细琢磨自己的对话，随后用笔在纸上而不是用计算机记录下核心要点（纸上的思维导图同样可以起到提示的作用，指明前进的方向；我有时就用这种办法）。罗宾逊从不会准备详细的笔记和注解，他只用简单的要点来提醒自己。如果你熟悉自己的演讲内容，就会变得放松。如果不熟悉，则会显得紧张和不安，而听众也会因此而变得紧张。

5. 做好准备而非过度排练

事先进行排练并没有什么问题，但是提前做好相关思考和计划更为重要。各人的准备方式不尽相同，但是排练的潜在危害在于当你真正演讲时会显得因演练过度而四平八稳。即看上去过于完美，太僵硬和不自然。尽管技术上没有丝毫失误，但你却会因此失去与听众建立重要和自然关系的可能性。

6. 留有即兴创作的空间

“我总以为公共演讲有点像演奏爵士乐或蓝调。”罗宾逊爵士说。他解释说，每次他没有必要准确地知道自己接下去要说什么，但他相信故事所能产生的力量。他在演讲中就像一位爵士演奏者讲述着一个个故事，把听众引入一个地方。是的，他在上台演讲前大脑里已经有了构思，但就像音乐人一样，他拥有自由发挥、即兴创作的能力。这会使得演讲显得更加自然和灵活，与每一位与众不同的听众建立关系。罗宾逊同样相信幽默的力量，认为它有助于激发想象力，同时更加吸引听众的注意力，投入于你的演讲之中。他说：“如果听众笑了，那么表明他们正在仔细地听你演讲。”

画面清晰，字体大

因为画面字体太小而看不清幻灯片上的内容，这是令听众感到最沮丧的事情了。如果投影在银幕上的画面不够清晰造成听众无法辨别，就会构成障碍，增加听众与演讲者之间的距离。同时也会传递出演讲者没有做好充分准备或者不在乎听众的不良信息。如果你可以确保房间每个角落的听众清晰地看见幻灯片上简洁易懂的内容，阅读起来不费力，就可以缩小与他们之间的距离。因此，在设计幻灯片时，要考虑画面是否清晰明了、文字内容是否大而简洁。

玩乐的心态

玩乐是与生俱来的。我们通过玩乐获取知识、开拓思维、锻炼身体、表达自我。2010年年初，我在夏威夷岛聆听一场爵士乐表演时意识到了每个人内心都有玩乐的本性。下面这张照片是我在当时的演出表演时拍的，画面中央的女孩在音乐的伴随下奔跑嬉戏，体会着音乐的美妙和带给她的快乐。

我很喜欢这张照片，因为它展示了一个成年人和孩子一同嬉戏的场景。年长的音乐演奏者正通过爵士乐的形式表达着自己，这种演奏既需要遵循一定的原则又有较大的自由发挥空间，激发了听众的创造力，使他们陶醉并沉浸于音乐之中。而画面上的这位小女孩虽然不懂也不关心复杂的弦乐和节奏，但也在音乐的伴随下欢快地跳起舞来。她不在意自己跳得是否好，只是在音乐的带动下自发地舞动身体。她如此手舞足蹈以至于我拍得都模糊了。舞蹈也许是玩乐心态最纯粹的表现形式。孩子们在学会如何跳舞前就已经会伴着音乐自己舞动身体了，这是他们与生俱来的能力。这提示我们这样一个事实：我们都是充满热情和渴望表达自我的社会动物。

无论你的年龄几何，玩乐对学习知识、增加创造力和开拓创新思维都有着重要的意义。玩乐使人更加聪明。心理学家斯图尔特·布朗（Stewart Brown）说："没有什么能比玩乐更能激发大脑思维的了。它之所以特别，是因为我们自出生那一刻起就意味着玩乐一生。"严肃的教授或学生也可以拥有玩乐的心态。我们需要换个角度看待玩乐，而不是将其视作工作的对立面。正如布莱恩·萨顿史密斯（Brian Sutton-Smith）说的："玩乐的对立面不是工作，而是沮丧和忧愁。"在我们还是孩子的时候学会如何玩耍并不是多余的，在如今也是必不可少的一门技术。

玩乐和变得富有创造力的前提是信任，而后者产生于诸如一个微笑等玩乐信号。我们在演讲时可以通过语音语调、面部表情和手势动作等途径传递微妙的非语言信号，从而激发听众玩乐的心态。

逾越障碍走向成功

“武道”一词体现了日本功夫和武术的技艺。“武”指“停止武器的拼杀”；“道”指通往真理和释放的“方法”和“路径”。虽然这些传统规则在如今人们的身上已经很难体现，但是它们确实具有一定启迪意义。

冒着过度简化的风险，武道涉及的不仅仅是竞争、打斗和技术，同时也关乎自我掌控和主宰。后面我将提到习武者的十大弊病，它们摘自约翰·史蒂文斯（John Stevens）撰写的《日本武道秘技》（*Budo Secrets*）一书。这十大弊病存在于武术家的性格之中，但作者称人们应该努力克服它们。毕竟我们都是普通人，每个人身上或多或少都有缺点，问题的关键是不能被它们所击败。我们所面对的敌人不是听众（或竞争），通往成功的最大障碍不是来自于外界影响而是内在要素。我很欣赏合气道大师古屋贤章（Kensho Furuya）讲过的这句话：“你拥有完成一切事物的无限能力，正是因为把自己与他人做了比较才使自己感觉受到了限制和束缚。”

习武者的十大弊病：

- 傲慢
- 过度自信
- 贪婪
- 愤怒
- 恐惧
- 怀疑
- 猜忌
- 犹豫
- 蔑视
- 自负

尽管我们身上或多或少地存在上述弊病，但是，完全避免它们将对幻灯片演示、音乐演奏和班级教学产生积极的帮助。这十种弊病具有毁灭性的负面影响，尤其是恐惧和怀疑这两项。恐惧使人退缩，包括对失败的恐惧以及对别人想法的恐惧等。人们因害怕而变得不确定，进而表现为犹豫不决，影响正常行为。赛斯·高汀（Seth Godin）等作家将这种现象称为“非理性大脑”。

自信是必要和重要的，但是过度自信会造成与恐惧和害怕相同的负面结果。过度自信、自负和蔑视他人会阻碍我们向他人学习和吸取教训。正如古话所说：“当你以为到达了目的地时，其实你已经失败了。”

谦卑是解决上述弊端的关键，它是通过长期的训练、学习和体验而形成的一种品质。谦逊虽也可以掩盖自我怀疑和恐惧，却不同于谦卑，后者能够产生更强大的力量。真正具有勇气的人才会保持谦卑的姿态。这些都是从武术馆获得的启发，它们对日常生活和工作包括演讲有着一定的指导意义。

更好地投入当下

玩乐的心态有助于将自己沉浸于演讲内容和投入当下。孩子们提醒我们不要忘记在教室、报告厅尤其是在演讲会议室里发挥玩乐的精神。但首先我们需要摒弃玩乐是轻浮表现以及工作（或学习）是玩乐的对立面的观念。工作和玩乐之间具有紧密的联系——至少对于如今我们投身的创意工作是如此。设计师和计算机科学家比尔·巴克斯顿（Bill Buxton）在2009年Mix大会上热情洋溢地做了一场演讲，他曾说道："某些事物过于重要，以至于不能把它们太当回事，我们要学会建立玩乐的心态。"

然而，玩乐并不意味着混乱。这其中有规律可循，尤其是团体性质的玩乐。玩乐的过程中还涉及协商，比如怎么玩、何时玩。我们的旧习很难改变，这就是为什么我们需要建立某些规则（例如在头脑风暴时持保留意见），使自己从禁锢创造力的习惯中解脱出来的原因。刺激人们转变固有思考方式、忘记所谓"成人行为和习惯"将更有助于发挥创造力。

保持玩乐的心态

玩乐的心态有助于在演讲者和听众间，以及听众和听众间建立放松的沟通关系，使听众更好地体验演讲的内容。但这并不意味着需要过于在意听众的需求和演讲的材料。认真地对待演讲很重要，但是应小心不要掉进"太在意自己"的陷阱。我们不必做出忧郁的样子，尤其是在尝试改变人们的某种行为或思想的演讲中更不能如此。

当我们停止过于注重自己的时候，意想不到的好事就会发生。我们要在演讲中进行适当的玩乐，享受这种体验、暴露真实的自我，以及不怀疑自我和担心他人的想法。如果你去除了恐惧会发生什么呢？玩乐可以使人精力充沛。你是希望听众变得精力充沛，还是严肃、郑重？或者墨守成规？

注入玩乐精神

为了在演讲中注入玩乐的心态，演讲者需要构建一个安全的环境。蒂姆·布朗（Tim Brown）是硅谷最具创意的设计公司之一IDEO公司的CEO，其公司尤其注重玩乐精神。据布朗而言，孩子们只有在最安全的环境下才能发挥最大的自由进行玩耍。我们同样可以将其应用在成人的工作环境中。恐惧，包括担心同龄人对自己的判断会阻碍我们抓住机会与他人分享思想。布朗认为恐惧会导致人们表现得过分保守，压抑了内心的奇思妙想。成年人经常过分地敏感于他人的想法从而失去自由思考的能力。在演讲中，我们同样需要建立一个安全的环境，鼓励听众抓住机会参与其中。

正如第3章所谈到的，我们可以通过使用幽默的方法在演讲中注入玩乐精神。自然的幽默意味着放松、意味着做自己，以及与听众进行互动。具体来说，你可以通过挖苦嘲讽、爆料揭秘，以及讲述情节跌宕起伏的故事等方式博得听众一笑。欢笑是一项基本的社会活动。在你发出笑声尤其是与听众一起笑时，会与听众建立紧密的关系。畅销书《全新思维》（*A Whole New Mind*）的作者丹尼尔·平克（Daniel Pink）将玩乐视作21世纪获取成功的一项核心能力。他说："幽默体现了自动化和外包时代所需的复杂思维的许多方面。平淡的微笑会带来欢笑，欢笑又会帮助人们提升创造力、生产力和协作力。"

孩子在玩乐时经常进行探索和实验。这些也正是某些"一本正经"的成年人从事的活动，至少在他们被要求起立并当着一群人面前讲话时如此。成年人往往急于将事物进行分类，遇到问题总会据此很快地找出缘由，而不是像孩子那样寻求可能性以及使用想象力来解决问题。因此，我们鼓励在演讲中进行玩乐性质的探索和尝试。尝试很关键。

当你通过带领他人一起探索、实验和发现以注入玩乐精神时，你会唤醒参与者的大脑，而对于下一步你们会有何发现来说还是一个未知数。毕竟，只有通过某种形式的玩乐才能获得发现，知识的获取也是如此。玩乐的心态使得我们对于一切可能持开放的态度，这对于演讲者、医生、科学家、设计师、商务人士及教师来说都是如此。

孩子是自然的探险家，但探索欲仍然存在于成年人中。我们可以通过激发听众内心发现和探索的欲望与听众建立关系。

娱乐的作用

我们的社会通常会批评那些胆敢在工作时间玩乐的人，以为玩乐就是纯粹的娱乐，会被动地导致不必要的注意力分散。许多演讲者比较反对在演讲中注入玩乐的精神，他们称这不是他们的事情，他们要做的仅仅是传递和分析信息（而别无其他）。但是，对于一个全身心投入的人来说，并不存在注意力被迫分散的事情。从某种意义上说，一个全身心投入的大脑难道不是充满愉悦的体现吗？也许，喷涌的商业广告、娱乐节目以及打了折扣的电视新闻使得“娱乐”一词的口碑变得越来越差。

我们需要小心使用“娱乐”这个术语，因为它牵涉许多商业人士不希望发生的事物。毕竟，“娱乐”一词的背后隐含着分散、开小差和懒散等意义，而这些都是人们不希望在商务或者学术演讲中出现的。但是，它同时也隐含着投入、高兴、感人、激动、美妙、有趣、生动等积极意义。如果听众使用了上述这些词语作为对我们演讲的评价，那么可以说我们是相当幸运的！

尼古拉斯·尼葛洛庞帝（Nicholas Negroponte）成立了麻省理工学院媒体实验室，曾推动了多媒体的变革与发展。1984年，他在加州蒙特利的一次演讲中谈到了未来教育领域的技术，他说：“成功的教育应该是一种娱乐。”他的话也同样适用于大部分公共演讲。如果我们试图教导、告知以及改变人们，那么我们就要学会娱乐他们。但是需要换一个角度思考“娱乐”这个词。我认为尼葛洛庞帝所谓的娱乐是指全身心投入，从而激发好奇心以及对新奇和挑战的事物充满兴趣。教育关乎的是知识和信息，但是饥饿、驱动力和好奇心是人们在追求理解和意义的过程中流露出的情感，充满着人性。

不同的演讲情形拥有许多相同之处，因为它们都可以调用娱乐的力量。娱乐意味着将注意力集中在他人而不是自己身上。不同的听众需要不同的方法来吸引和投入于娱乐之中，我们应该找出最有效的一个方法来刺激、影响和告知他们。娱乐并不总意味着注意力分散或者逃避，它背后也隐含着投入、关系等积极意义。演讲中注入娱乐精神能够开拓听众思维，扩大演讲的吸引力，使他们全身心地投入其中。你没有必要将自己看作一名娱乐表演者，只要选择正确的方法，任何演讲都可以成为听众的一种娱乐。也许你会问，有些数据无法做到生动有趣怎么办？那么，我的回答是，也许那些数据根本就是不恰当的（或者说你选错了听众）。

众所周知，孩子可以通过玩乐开发健康的大脑。但是玩乐的需求不仅限于孩子。如果我们不考虑玩乐与工作的所谓差别问题，那么我们的生活将会更加美好。即不要将玩乐视为工作以外的事情，而是构成生活和工作所必不可少的一部分。

在演讲中注入玩乐的态度以及注重当下的探索和发现能够帮助人们获取知识，并激发创造性思维。有时，玩乐只是单纯地为了使自己变得快活和精力充沛。我们可以在玩乐本身当中发现灵感，也可以受到那些意识到玩乐重要性的人们的启发。

本章小结

- 你无法伪装自己对演讲和听众的兴趣以及随之产生的热情。因此，问题不是“我该如何使听众感觉自己是有趣的”，而是“我该如何向听众解释演讲传递的信息对他们是重要的”。

- 演讲中呈现的故事和证据固然重要，但是真诚的情感对演讲传递的信息，以及接受新信息的听众具有更加直接和强烈的影响。

- 我们应遵循以下原则：1）缩小与听众间的距离；2）在考虑当地个人距离观念的前提下尽量缩短听众与听众间的距离；3）去除与听众间构成距离的障碍。

- 带着玩乐的心态进行演讲，以及在当下注入探索与发现的情感有益于汲取新知识和激发创造性思维。

没有谁必须成为一位天才，但我们有义务参与其中。

——菲利普·斯达克（法国设计师）

5

保持关系：节奏与听众参与

我在日本高中的三年里参加过足球队，也当过短跑运动员，但是在高三才迎来了人生当中的第一次长跑比赛。相对于短跑，我并不擅长长跑这项运动。不论是5 000米还是10 000米比赛，我在一开始总会跑得很快，因为我觉得起步时必须要拼尽全力冲在最前面。因此，发令枪一响我就会情不自禁地从起跑线飞奔出去。可是，每次我都无法在比赛过程中保持起跑时的较快速度，随着比赛的进行，我的速度会变得越来越慢。事后我发现，起跑速度并不重要，重要的是在比赛中保持最初的速度。

“人生是一场马拉松而不是短跑比赛。”这句古话虽老，却不无道理。演讲时注意速度和节奏的变化同样很重要。这一章我将重点谈谈与听众保持关系的两大要素：演讲节奏和听众参与度。使听众融入演讲、认为自己是主动参与者而不是被动接受者，是调整演讲节奏和速度以及吸引听众的法宝。

变化节奏

独角戏演员是最典型的裸演说者。他们的所作所为令人胆战心惊，因为没有什么比一个人举着麦克风试图逗乐台下听众更有风险和困难的事情了。他们通过讲述故事、观察生活，以及分享亲身经历吸引听众的注意力，与其建立关系。美国天才经理人乔治・夏皮罗（George Shapiro）说：“世界上最杰出的喜剧大师是那些能够取材于内心和灵魂的人。”这对演讲者来说同样如此。

你我不必变得滑稽和搞笑，但我们需要唤起听众的兴趣和注意力，并与其建立关系，正如独角戏演员所熟知的那样。在纪录片《喜剧师》（*Comedian*）中杰瑞・辛菲尔德（Jerry Seinfeld）谈到了与听众保持关系以及建立节奏的重要性。他说：“你必须建立和调整自己与听众间的速度和节奏，学会如何开始、如何维系，以及如何统一步伐。”即使我们在最开始与听众建立了关系，也仍需在演讲的整个过程中确保这种关系得到维持。而这就谈到了演讲时的步调和速度问题。

除非你看的是《洛基恐怖秀》（*Rocky Horror Picture Show*），否则欣赏一部电影是一件被动做出的事情。但是，一部好的影片能够吸引观众的注意力长达两小时以上。这是如何做到的呢？就电影而言，媒体没有发生改变。相反，故事本身以及动作、对话能够满足人们内心对于反差（通常包括不同/相同、明确/不确定、可预言/神秘、新/旧等）的需求。一部电影的核心问题或者冲突在一开始就会摆在观众面前，而观众一直都会跟着剧情发展，直到在银幕上看到这些问题和冲突得到解决。剧情也许并不复杂，但是观众可以跟随其不断向前发展，使其感觉自己是其中的参与者，或者至少是听到了一些不可思议的事情的见证者。影片的强度会随着不同的剧情需求而不断发生变化，或快或慢，或令人情绪紧张，或令人陷入沉思。

你也许无法像制片人那样做到娴熟地维系观众的注意力，但仍可以向他们学习其中的某些方法，包括他们的故事以及表现手法是如何涵盖了各种节奏和速度、不是一种专一的方式而是满足听众对多样化和节奏的需求等。除了表述的结构以外，通过调整演讲呈现的速度还有许多方法能够维系与听众建立的关系。

注意力与变化的必要性

谈到速度和节奏的问题，关键是变化。要使听众保持注意力，就要在叙述的内容上体现变化（诸如故事的发展顺序），以及改变呈现的方式。正如谚语所说的，多样性是生活的调味品，如果你在演讲中体现了这个特点，听众就会对你的演讲投入更多的注意力。人们能够持续注意力的时间往往很短，而且它们会随着各种干扰的出现进一步缩短。格兰维尔·图古德（Granville Toogood）在《做个好口才的经理》（*The Articulate Executive*）一书中引用了20世纪70年代由美国海军做的一项研究结果，称学生平均在一场讲座或者演讲中集中注意力的时间只有18分钟。根据我的个人经验，听众集中注意力的平均时间远低于18分钟，如果演讲使他们感到枯燥和乏味，那么集中注意力的时间几乎等于零。

约翰·玛蒂娜教授称，我们只需几秒的时间就可以吸引他人的注意力，但需要至少10分钟去保持这种注意力。作为一名热情洋溢的讲师，玛蒂娜因其出色的教学能力被评为年度最佳教师。

根据玛蒂娜的观点，听众的注意力在保持10分钟的高度集中后将开始急剧下降，因此演讲者必须做出一些改变。她根据“10分钟注意力”的法则将讲座内容分为了数个单元，每个持续10分钟左右，这样她在一节课的时间里就可以教授约五个单元。她建议在一开始的几个部分中通过概述介绍使听众对你的演讲核心内容有个全局性的认识，然后在随后的部分中提供支撑这些核心思想的细节内容。但是，在每次进行了大约10分钟以后，你必须做出一些改变，以使听众继续保持对演讲的注意力。为此，玛蒂娜建议引入一种所谓“情感刺激”法给予大脑片刻休息，同时将每个环节紧紧相扣。这些情感刺激必须要与演讲内容相关，同时能够调动听众的情绪变化。它可以是一个故事、一段影片、一个案例分析、一张照片甚至一桩轶事，只要与演讲主题相干且能够激起快乐、悲伤、恐惧、思念、怀疑等情感，都可以成为情感刺激物。

大脑需要休息。每10分钟休息一次，考虑引入“情感刺激”法来提高听众对演讲内容的注意力。
（幻灯片中的照片来自iStockphoto。）

变化速度、语音和语调

讲话时尽量放慢速度是一个不错的建议。许多演讲新手往往讲话的语速太快，这是肾上腺素贯通全身而做出的反应。演讲者讲话快时，音调会提高，话语也会变得含糊，听众理解起来难度增加，对那些非母语的听众来说更是雪上加霜。此外，讲话太快的人会给听众留下缺乏足够能力的印象。著名公司领导者史蒂夫·乔布斯（Steve Jobs）和卡洛斯·格森（Carlos Ghosn）讲话时语速适中，听起来给人的感觉十分舒适。

除了要调整语速，还要自然地变化语音。记住，发声并不意味着大喊。有些时候，只要与微弱的声音形成反差，听众都可以听到你的声音。在演讲时突然轻声细语时，听众反而会集中他们的注意力，仿佛等待接下去重要的内容。

语调的变化同样重要。高低音调的自然变化能激起听众的兴趣。相反，再没有什么比听着某人以不变的音调，毫无感情地进行讲话更让人感到乏味了。因为幻灯片演示或谈话中应有的热情和引人之处，以及虽有瑕疵但真实而自发的感受都将不复存在。一成不变的语调会影响讲话人所要表达的含义。而语调的变化可以突出重要的内容，从而便于人们更好地理解。大多数演讲新手发现自己会因为紧张而不自觉地抬高讲话时的音调，从而分散听众的注意力。我在日本曾经看过一位来自美国的演讲者出现过类似的情况，当时他很紧张，以至于平常低缓的音调一下子变得尖锐起来，仿佛站在讲桌后面演讲时因缺氧而发出惨叫。在这种情况下，每一句话都是高音调的，陈述句似乎变成了疑问句："你好？我很高兴站在这里？谢谢你们的到来？我希望以一个故事开始我的演讲？这个故事很棒？"

演讲者同样可以运用沉默和停顿来吸引听众的注意力。即便在你发现很难避免快速讲话时，如果在适当时间增加了沉默和停顿也能够提高演讲的影响力。演讲中的沉默同音乐中的片刻无声具有同样强大的力量。这就好比美术中留白的运用能够增强设计效力一样，讲话中的沉默和停顿也将产生更大的影响力。从某种意义上说，无声即有声，无即有。我们会受到反差的吸引。语速、语音、语调自然的变化，以及停顿和沉默的运用都能够使演讲内容变得更加清晰和吸引人。

为了真正控制自己的语速、语音和语调，我们可以通过录制自己的谈话或者演讲的方式进行观察。你一定会感到吃惊！一旦你发现自己的语速太快、音调太高，就会在下一次的演讲中提醒自己改正，做到轻松地使用对话式的自然语调进行演讲。

改变计划

充分意识到当前的演讲情况同样可以使我们对改变节奏充满可能性。例如，尽管你准备了一场精彩的演讲，也花了时间设计演讲内容和多媒体效果，但是仍旧不排除某些即使是最好的幻灯片和最亮的投影仪也并不适合的可能性。有时，把你的苹果Macbook或者索尼Viao笔记本电脑放在包里更好。这方面可以向美式橄榄球的四分卫学习—有时，在决定争球前突然发现对方做出意料之外的防守动作而立即大声喊叫，发出命令做出调整。

优秀的演讲者应与出色的四分卫一样，后者善于解读当时的情况，并做出相应的调整。四分卫一般不是橄榄球赛场上最优秀的队员，但是他们精通观察和分析比赛的即时形势，并能在巨大压力下改变作战计划。当对方防守队员靠近攻击线时，进攻方式其实在全队聚拢齐声大喊时已经确定。但是，四分卫通过观察对方队员发现威胁或者机会，并需要及时改变先前的计划时，他会向两旁的队员发出暗示或者信号，提醒改变进攻方式。他们的改变依据是面前的事实，但有时只是凭借一种直觉。一些最出色的四分卫会在最后一刻做出调整进攻方式的决定而帮助全队得分，同时也有因为四分卫未能及时调整计划而导致丢球的情况。调整很重要，但需要关注当下，并进行灵活的改变。

在我进入苹果公司工作后不久，有一次为加州的某个用户小组做演讲时，我不得不临时改变计划。演讲前，我针对用户小组等特定听众精心制作了符合苹果公司要求的幻灯片，但当我到达现场时，灯光、音响及房间的布局完全出乎我的意料。但是，我还是按照计划搭好了相关设备。

（幻灯片中的照片来自iStockphoto。）

我在演讲正式开始前随意走着，与许多听众进行了简短的交谈。他们体现出了作为苹果用户所特有的品质——和蔼可亲。就在那时，我突然意识到我之前准备的演讲——我以为会很出色——也许并不适合这些特定的用户。我虽然有点失望，但还是决定按计划进行。毕竟，我来自苹果公司，应该给用户类似史蒂夫·乔布斯所做的演讲的那种感觉（虽然我发现投影仪和计算机并不非常匹配）。

在主持人介绍我时，我却临时决定改变原先的计划：我放下了遥控器，拉起一把椅子坐在了房间中间靠近第一排的位置，开始了一场类似发生在火炉旁的谈话，内容包括苹果公司、用户小组及其需求和抱怨等。我也聆听了来自于他们的声音，正如我预料的，他们的提问与我之前准备的完全不同。这种完全“模拟”的做法在上述案例中无疑是一个更好的选择。因为即使再好的幻灯片在那种情况下对听众来说也是一种障碍，影响他们对演讲的注意力。

少即多

简约指去除多余的内容只保留本质的东西，这个设计理念适用于一般意义上的各种交际。许多演讲者都会掉入这样的思维陷阱，即为了使听众理解演讲的内容而将自己知道的所有东西全部告诉他们。这导致了他们仓促地讲完演讲的内容，以确保覆盖了所有之前准备的东西。但是，我们必须还要知道哪些该省略，以及如何以最简单的方式呈现其余重要的内容。这就归结为如何选择正确的词语——讲最多话的人未必得到最好的结果。重要的是质量而不是数量，以及是否简洁。正如迪兹·吉莱斯皮（Dizzy Gillespie）所说的："我花了一生的时间学会了什么不能演奏。""万一……，还是加上去吧"的想法固然强烈，但是要考虑到听众的大脑需要休息的客观事实。通过去除多余的毫无关联的内容，以及使用最简练的方式进行呈现，你的演讲内容会变得更加清晰，进行得也将更加顺畅。

使用B键

如果你在演讲中需要播放幻灯片，那么字母B键是最常用的一个按键。

在PowerPoint或者Keynote软件中敲击键盘上的B键，就会使计算机屏幕和投影银幕同时变黑（W键则使其变白）。我们甚至可以故意设计一张全黑的幻灯片使观众不把注意力放在银幕上。B键的用途有很多。例如，在讨论时为了集中注意力，可以将计算机屏幕变黑，这样一来投射在银幕上的幻灯片内容也就消失了，这就消除了它们对观众潜在的干扰。又如，当你准备接下去进一步说明你的观点时，再次按一下B键（可以使用遥控器），银幕又会被重新点亮。

不要超时

演讲超时是对听众的一种不尊重。没人会因为早于既定时间结束了演讲而发牢骚，但是超出了就会听到相当一部分人开始抱怨（至少自我抱怨）。我经常敦促人们学习日本“饭吃八分饱”的饮食理念。一份传统的日式餐饮涵盖了许多品种，包括时蔬、米饭和海鲜。除非你想被训练成一名相扑运动员，否则最好不要让自己吃得太饱。这样做没有任何意义。饭吃八分饱才会给人带来更多的满足和愉悦感。

“饭吃八分饱”的思想被证明有助于提高饮食质量以及延长人们的寿命。饮食上的节制理念同样适用于会议和演讲。相对于使用各种信息“喂饱”听众直到他们感觉疲倦而言，提早一点结束演讲以使听众不满足于此的效果更好。如果听众在你结束演讲后感到满意的同时略带有小小的不满足，那你的演讲就是成功的。

通过参与投入演讲

大卫·西贝特（David Sibbet）是一位禅学思维图形大师，他提出基于参与的互动与协同的会议精神。他在《视觉会议》（*Visual Meetings*）一书中写道，“只有通过参与才能吸引听众的注意力……因此，吸引力源自于聆听以及与听众建立的密切关系。”当我们试着影响他人做出改变时，使他们参与其中是一个不错的办法。他说道：“相比于外界强加的观念（即便是专家的观点），通过自己参与讨论而获得的思想更容易被人们所接受。”他激励人们通过视觉思维和实际参与的方式来使自己的想法变得具体和清晰。每次在西贝特做完研讨会或其他会议时，房间的墙上都会贴满参与者收集的草图、地图和拼贴画等各种图纸。这些图纸将会议中的有关讨论结果具象化和视觉化，激发人们在此基础上做更进一步的探讨和合作。这种视觉化的方式大大地提高了会议的吸引力，使得其与参与者的关系变得更加紧密。

你的演讲时间也许只有20分钟或者一个小时，这就导致没有足够的时间和工具来发动一场需要协同完成的较大规模的活动，但是西贝特提倡的有关会议的理念和精神仍值得演讲者学习，并且运用到实际的演讲当中。我们需要使听众投入于演讲、参与演讲，并让他们动起来。

让听众动起来

孔子曰：“不闻不若闻之，闻之不若见之，见之不若知之，知之不若行之。”本杰明·富兰克林（Benjamin Franklin）也曾表述过类似的思想。如果我们是通过做和行来获得知识，那为何我们却做得这么少？幻灯片演示、讲座以及课堂教学的时间很短，我们应该更多地鼓励听众按照最适合他们的速度、节奏以及方式去不断探索和发现在演示、讲座以及教学之外的东西。那些诸如要点式的幻灯片是无法提供有效信息的，也很难给听众留下深刻的印象，更不会激励他们采取任何行动（除了犯困和打盹的行为外）。

向听众提供一种体验是很重要的，在这种体验中他们可以采取行动。我最喜欢的公共演说家、被称为“21世纪”的卡尔·萨根（注：美国大众天文学家、公众科学家）”的尼尔·德格拉斯·泰森（Neil deGrasse Tyson）博士对这种经历和体验的描述如下：

相对于单纯的阅读，经历和体验会对一个人的记忆能力产生更加深远的影响。因此，我们为何不寻找一种能够将授课计划以某种体验的方式呈现呢？生动的表现力能够激发和唤起学生内心的灵感和热情。无论他们的考试成绩如何，他们无不在体验中得到了激励和鼓舞，要求自己不断学习更多的知识。如果他们没有获得所谓的“满分”成绩，就有冲动通过阅读相关书籍或者观看探索频道播放的纪实电影来满足自己对知识的渴望。这就达到了教学的目的——把学生投掷到浩瀚的知识世界，这是作为一名教师所能做的最具影响力的事情。充满热情的老师能够调动学生对所有的学科产生兴趣，这对教授任何学科的老师来说都是应该具备的能力。

——尼尔·德格拉斯·泰森博士

泰森博士谈到的是课堂教学，但这些理念同样可以被应用于幻灯片演示等方面。沉闷枯燥的讲座绝不是最佳选择，但是，如今的学生和教授们较过去几代人不得不面对更多动态媒体的干扰。听众有责任集中注意力，但是调动他们投入和参与演说过程却是演说者不可推卸的责任。

提供“美学体验”

肯·罗宾逊爵士在英国皇家艺术协会就教育话题发表讲话时，提到了惩罚那些上课注意力不集中，甚至试图用药物治疗那些患有多动症（ADHD）的学生等做法背后所存在的隐患。那些学生确实患有多动症，但它不具有传染性。罗宾逊爵士随后举了一个例子，强调了在课堂上调动学生的所有感官、提供丰富体验和经历成为他们获取知识源泉的重要性，他说道：

艺术尤其反映了美学体验的理念。所谓美学体验，指的是人们的感官在巅峰时刻所体会到的感受，例如在全身心投入于当下、激动地产生共鸣和彻底地“复活”等时刻。“美”产生于所有感官“不运作”，而仅投入于当下发生的时刻。

我们目前的做法是通过让孩子们体验美的方式来教育他们，但我个人认为应该反过来，即通过教育的方式来使他们感受和体验美。我们不能让他们沉睡下去，而是要唤醒他们的内心。

——肯·罗宾逊爵士

在谈到“美学体验”时，我们似乎不会联想到幻灯片演示、演讲或者公共演讲。为什么不呢？它们也应该带给听众美的体验。听众的感官完全投入于演讲内容、受到鼓励参与其中，并在当下变得活泼、有生气是一件令演讲者感到无比幸运的事。公共演讲和课堂教学并不是一门精细艺术，但却具有艺术的精髓。当我们以建立关系、鼓励参与及开展对话的方式吸引听众的注意力时，这种活动已经超出了传统意义上的学科概念。

当所有的听众或者学生有责任去理解内容的同时，我们更有责任去“唤醒他们内心的理解”。为此，我们演讲的内容要贴合主题，以参与和对话等形式热情地进行呈现，从而激发听众的感官和情感（例如对未知事物的好奇，以及通过探索而获得新发现时的喜悦）。

对话式的交流

我们无法总是要求听众在肢体上做出某些行动，但仍可以用对话的口吻邀请他们参与你的演讲。我在第1章中也曾谈到了类似的话题。

大众演说家、“深入浅出”系列计算机图书作者之一的凯西·西尔拉（Kathy Sierra）认为我们的大脑需要对话。“深入浅出”系列图书以图形、对话等吸引人的方式向读者讲述了计算机方面的知识和技术信息。虽然我对计算机编程语言并不十分感兴趣，但我几年前购买了该系列的《深入浅出设计模式》（*Head First Design Patterns*）一书，理由仅仅是因为它告诉了人们如何将“干瘪的技术信息”以吸引人却不过度简化的方式呈现出来。

不论是阅读书籍还是聆听讲座，与读者、听众进行对话式的交流是上上之策。西尔拉说：“越是高深的话题，越是需要我们将它们变得易于理解。”

在西尔拉以对话式的口吻呈现信息时，听众的大脑会认为正在经历一场对话，因此必须集中注意力做好自己作为另一方对话者的角色。因为众所周知，对话至少涉及谈话者两方。西尔拉还说：“如果在讲座中使用的是正式语，则表明你很在意听众对你的看法。而如果站在了听众的立场上，那你也许会选择会话语进行讲座。”

使用过于正式的语言和过多的专业术语会对交流构成障碍，影响听众的参与。另外，对话式的口吻显得更加自然、不做作，这会在无形中邀请听众自发地集中注意力参与其中。我们的语言不必做到滴水不漏。实际上，完美无缺的语言会使你疏远大众。这也许并不绝对，还应视具体情况而定，但是真诚、友善和放松的讲话方式无疑是最佳的选择。人们更喜欢自然和开放的语言，从而也会给予更多的关注。因此，我们应带着尊重，以及认为他们是聪明和有趣的态度与听众开展对话。

如何让听众参与

使听众一同参与有助于改变演讲的节奏和增添现场的气氛，并使演讲内容变得更吸引人，给听众留下更深刻的印象。我们希望听众感觉到自己是演讲的一部分，而不仅是被动的旁观者。做到这点没有特别的窍门，但是以下几条简单的方法可以帮助听众参与演讲，增加其体验的丰富性和价值。

（幻灯片中的照片来自iStockphoto。）

提问问题

向听众提问问题也许是使他们参与演讲的最简单的一个方法。“你们认为接下去会发生什么呢？”或者“大家猜测一下在过去的五年内日元升值了多少？”也许你站在舞台上无法听到听众的回答，但你可以采取“自问自答”的方式。你不必每次都在最后才提出问题，不时地向听众发问能够使你的演讲听起来更像是一场对话。例如“这难道不是一件很有趣的事情吗？”“这个结果出乎大家的意料，不是吗？”等设问、反问体现了你对听众的认可。

播放短片

短片可以作为真实的例子辅佐、描述一个观点或者介绍某个概念，它可以调节演讲的节奏、增添听众体验的丰富性。你可以要求听众观看短片中的某个具体情节，使他们的注意力更加集中地投入于演讲。

展示图片

可视化图形、图片不仅能被用作修饰用途，还能提供大量的信息，邀请听众进行自我解读。它们之所以有效，是因为我们不具备边听边读的能力，但却能够边听边看相关的图片资料。演讲时要求听众在图中寻找具体的内容进行自我解读和分析。展示一系列具有反差和对比效果的图片，如之前/之后、现在/过去等，是吸引听众注意力的一个有效方法。图片可以调动听众的情感，进而对其产生影响。只要展示的图片与演讲主题相关，它所引起的情感就会提高听众的注意力，使其对演讲的内容印象更加深刻。发生在远处的洪水看上去很抽象，但如果添加有关洪水的生动图片，就会使其变得逼真，触及听众的内心感受。在2009年的TED大会上，信息设计师汤姆·伍杰克（Tom Wujec）建议我们采取以下三种方式使用图片：1）阐明思想；2）建立我们的思想与听众的关系；3）使用持续和进化的观点扩大听众的印象。

投票选择

我曾经见过一位演讲者这样开始他的演讲："认为世界上女性多于男性的听众请举起手来，好的，谢谢。再请认为男性多于女性的听众举手。"大多数听众都认为女性的数量多于男性，因为这在发达国家的确如此。当听众听到男性的数量其实更多的事实后会感到非常惊讶。就这样，演讲者通过投票选择的方式成功地吸引了听众的注意力使其参与其中，并在随后公布了出人意料的结果。

角色扮演

角色扮演的方式可以作为卫生保健服务、教育情景等非物理设计的实验。通常来说，我们应该像孩子们那样认真地对待角色扮演，它有助于使自己站在他人的立场上考虑问题，从他们的角度看待这个世界和各种体验。因此，角色扮演又被称为"同理心工具"。教练经常以角色扮演的方式来模拟真实的情景。

头脑风暴

适当的头脑风暴会花费一些时间，但你可以要求听众分成小组同时进行，旨在产生尽可能多的解决某一问题的方法。在小组中，人们觉得更加放松，不会感到害怕，因此扩大了参与面。到达规定时间以后，要求每一小组将头脑风暴的结果提炼为三个观点，并与其他听众分享，或者写在白板上让所有人看见。

邀请志愿者

在演出行业中，一个常用的技巧就是从听众中邀请一位志愿者上台参与某项演示或表演。通过他人的帮助证明某个观点，能够使听众感觉自己是对话的一部分。例如，当我教授肢体语言和个人距离的概念时，我会邀请数位听众上台，展示不同文化下关于人与人距离的差别。这就将抽象的概念变得具体和真实，拉近了与听众间的距离。通常在此过程中会不断传出笑声，增加了演讲的娱乐精神。

动手设计

模仿原型设计和亲自动手制作也许在小学生中还很常见，但是随着近些年教育体系的发展，学生的动手机会变得越来越少。在办公室工作的成年人除了偶尔使用一下报事贴或者并不多见的红色订书机外，其动手的情况则更加糟糕。我们需要通过双手将想法变为现实。孩子们经常这么做，成年人也可以这么做，即“使用双手思考”。试想一下，你介绍的哪些内容可以被听众作为设计原型？

勾勒想法

至少你可以要求听众用笔在纸上勾勒出自己的想法和草图，具体操作时可以各自或者分组进行。草图有助于解决复杂的问题。例如，你可以要求参与者为城市画出理想的铁路系统，然后将这些草图呈献给其他小组成员。

限时游戏

强烈的恐惧感会对一个人的理解力产生负面影响，而在规定的时间内开展某项娱乐或者游戏能够唤醒听众，提高他们的注意力并加深他们对内容的印象。

开展讨论

如果你对着一大群听众做演讲，则将他们分成小组进行讨论的方式很有效。你需要告诉他们明确讨论的目标及规定相应的时间。大脑需要时间来处理新的信息，而小组的形式使得人们有机会以各自的方式和角度讨论相关内容，并与其他人的进行校验，促进对问题的理解和认识。

填空

在日本，电视上有种叫作“Monta Method”的竞猜比赛，它类似于以前学校的填空题，区别就是答案被纸条遮了起来，由听众猜测背后的答案。当主持人揭开纸条时答案也被揭晓。结果往往出人意料，时而逗乐了全场，时而令听众发出惊呼和感叹。问题的吸引力和答案的意外性，以及现场听众参与答题和解谜的热情都使得演讲内容在听众的大脑中留下更深的印记。

我在日本举行的一场研讨会，开始10分钟后，听众就站起来参与一项与主题相关的活动。注意计算机被摆放在了靠近房间的前方，从而没有影响听众的视线。巨大的讲桌则被搬了出去。

案例分析

我有时将简短的案例称为“关键事件”，描述现实中一个涉及冲突的跨文化问题。每个小组阅读不同的案例，然后讨论产生冲突的潜在缘由，并找出可能的解决方案。随后，各小组向更大的团组以行动或者评述的方式汇报相应的结果。

激发想象力

想象力是人类智力最明显的特征之一，但是大多数演讲未能激发听众发挥自己的想象力或者贡献富有创造力的远见。抛给听众假设或者要求他们展开想象，从而产生“疯狂”的解决某一问题的办法。

史蒂夫·乔布斯的演讲小贴士

（照片来源：Gail Murphy。）

史蒂夫·乔布斯是使用多媒体做演示的成功典范。苹果公司的产品固然强大，但他同时也具备了常人所没有的展示产品的能力。精彩的内容是必要的，但不是演讲的全部。乔布斯的演讲内容充实、呈现方式出色。鉴于他的名声之大以及苹果产品之诱人，你也许以为他的演讲要取得成功是一件很容易的事情。事实却并非如此。正因为他的名声，人们对他的期望值也更高，导致很少发生出人意料的情况。曾有人在听完乔布斯的演讲后打趣地说："如果乔布斯宣称他与一位外星人取得了联系，我们也不会觉得这事很出人意料。"对一个拥有"超好"口碑的人说，人们会对他的表演、产品、专辑或者书籍等给予更高的期望。这是一件好事，同时也是一种挑战。这几年来我在"演说之禅"网站上多次写到关于史蒂夫·乔布斯的演讲风格，以下几点是我们可以从中向他学习的地方。

与听众建立亲密和谐的关系

乔布斯演讲时喜欢在台上走动，时刻面带着微笑，不拘谨、很自然，展现出自信却谦虚的个性。人们容易为自信的人所吸引，但注意这种自信不能过了头而变成了自大。他在台上自然的动作、与听众的眼神交流以及友善等使其与听众建立了亲密和谐的关系。

告诉听众旅途的方向

你不必呈现臭名昭著的议程幻灯片，而是告诉听众本次旅途的方向、路径及终点。以乔布斯的演讲为例，他首先会向听众道一声“欢迎”和谦虚的“谢谢”，拉近与听众的距离，然后便是直奔主题：“我今天要谈四点内容，就让我们开始吧。”他也许在一开始不会提到它们分别是什么，但是听众只需知道有四块内容就够了。乔布斯经常把同一主题的内容分成三至四个部分进行阐述。

展现热情

也许你需要克制一下自己高涨的情绪，但是大多数演讲者的问题却是缺乏足够的热情——不是太热情，而是太不热情。研究人员关于医疗方面的演讲不同于公司CEO的演讲，但它们都需要投入适当的热情，这将起到举足轻重的作用。上台不到几分钟，乔布斯就会在自己的演讲中加入“令人难以置信”“非同寻常”“太棒了”“太神奇了”“革命性”等词语。也许你并不同意他的观点，但他对自己所说的内容深信不疑。他是真诚和真实的。我在这里并不要求大家达到与乔布斯同样的热情程度，而是要找到适合自己的真实、真诚的热情展现给整个世界。

积极主动、诙谐幽默

乔布斯是个严肃的人，但每次演讲时却因为信任自己的内容而显得积极和热情。即便在困难时期他也表现得兴致高涨、态度积极。你只有在完全相信自己的内容时才能显露这些情绪，否则你将卖不出去自己的产品。乔布斯也懂得诙谐和幽默，但这并不意味着就是在演讲中讲笑话这么简单。他的幽默比较微妙，懂得运用相关的嘲讽来引人发笑，这种方式对于听众具有很强的吸引力。

重要的不是数字而是其含义

科技公司的商业演讲虽然不同于大会上的科学演讲，但是有一点是相同的，即重要的不是数字本身而是其背后的含义。例如，你的胆固醇达到了国民的平均水平，这是好还是坏？这算偏高还是偏低？“平均”水平意味着健康吗？参照对象是什么？当史蒂夫·乔布斯在演讲中谈到数字时，他会将其分解。例如，当讲到iPhone手机的销量达到400万台时，他会将其换算成自上市以来“每天售出2万台”。20%的市场份额？数据本身并不能说明什么，但是其背后的含义在经过他的一番比较之后就会显现出来。

（照片来源：Macworld网站。）

使用视觉效果

乔布斯使用大银幕和高质量的大幅图片展示演讲。他选择的图片很清晰、专业，也很独特，而不是来自某个模板。图表、图形简洁美观。在他的演讲中绝不会出现所谓“害死人的要点式内容”。他更多地使用大银幕来呈现视觉效果，只会偶尔展示简短的文字内容。此外，他呈现数据的方式往往能令数据背后的含义变得清晰明了。

介绍出人意料的事物

乔布斯的演讲自然、充满着新意，但他每次也会让听众感到惊喜。人们喜欢惊喜的感觉，喜欢让我们发出“啊”声感叹的所有事物。大脑对新奇和出人意料的事物特别敏感。

仅涵盖所需的内容

乔布斯将演讲划分为明确的部分，一般包括三块以上的内容，每块不会包含太多的内容。我们无法做到面面俱到，因此必须选择最重要的，而放弃其余的内容。造成大多数演讲不成功的一个原因就是涵盖了过多的信息，使听众无法集中注意力。

控制演讲节奏，改变技巧

乔布斯善于使用各种技巧来调节和控制演讲时的节奏和速度。他演讲时不会在同一个位置站着不动。相反，他时而播放短片和展示图片，时而讲述故事和邀请其他演讲者，充分利用了演讲现场的硬件和软件设备。花一两个小时谈论某些信息对于听众和演讲者本人来说都是件枯燥的事情。如果演讲内容主要是信息和新特征，那么采用向听众发放文件的方式则会更加高效。

将最好的留在最后

人们会在演讲最开始的两分钟内评估你的表现，因此做好开头很重要，但是结尾更重要。对于听众来说，一场演讲中留给他们印象最深刻的便是开头和结尾部分。中间部分固然重要，但是如果一头一尾没有做好，就会全盘皆输。这就是我们不断地排练演讲的开头和结尾的原因。乔布斯以其“最后一点”而著名，这往往发生在演讲结束前的最后时刻。

控制演讲长度

乔布斯从不在演讲中展示无关紧要的细节，而是直接切入自己的主题，因为他十分清楚演讲时间不能太长的道理，必须快速而直接地呈现自己的观点。如果无法在20分钟内解释清楚话题为何重要、有趣或者有意义，则表示你对话题理解得还不够充分。在确保演讲内容有意义的前提下尽量缩短演讲时间，当然具体还要视不同情况而定。关键是不要将听众“塞满”内容，而是要带给他们渴望更多的感觉。

重要的不是数字本身而是它的含义

我是汉斯·罗斯林（Hans Rosling）的一名粉丝。汉斯·罗斯林是斯德哥尔摩卡罗林斯卡医学院的一名公共卫生教授、Gapminder软件的设计者之一、数据呈现的禅学大师和TED大会最受欢迎的演讲者之一。他向人们说明了数据其实并不枯燥的事实，但表示仅仅呈现数据还远远不够，重要的是揭示它们背后的故事。

Gapminder软件呈现数据的方式很直观，给人以震撼的感觉。但是，真正与听众建立关系的还是罗斯林的呈现方式，他能够使听众参与其中进行数据分析。罗斯林天性率真、幽默诙谐而富有热情——对自己所要讲述的要点以及如何向听众进行阐述了如指掌。他设计的图形简单而易于理解，但他仍会在呈现数据之前解释*X*、*Y*轴变量，以及不同圆形大小和颜色所代表的不同含义。随着软件动画的播放，他会向听众解释这些变化的含义。他没有站在讲桌后面被动地播放，而是走近大银幕使自己融入数据，同时鼓励听众采取同样的做法。

（图为汉斯·罗斯林）

罗斯林演示时令人震撼的不仅是数据本身的呈现效果，更重要的是他本人具有同样的魅力。他通过介绍背景情况和变量含义，以及使用强调、指向的方式丰富和增添了数据的内涵与显示的表现力。演讲时他会充满激情地说：“你们看到了吗？请看这里！这太神奇了！接下来会发生什么呢？难道你不感到吃惊吗？”演讲者仅仅展示数据本身是不够的，还必须告诉听众数据背后的含义、比较对象，以及理由等信息。

本章小结

- 人们保持注意力集中的时间很短暂。因此，为了使听众避免出现注意力分散的情况，我们应该适时改变讲话的节奏，例如每10分钟做一些变化等。使用“情感刺激法”与听众建立关系，提高注意力集中的时间。

- 讲话时要注意语速、语音和语调的变化。去除不必要的内容，使用精炼的语言。注意语速不能太快，尤其在觉得紧张时更要提醒自己放慢语速。

- 我们要有同理心，应关注听众的反应，做好改变计划的准备以满足他们的需要。

- 保持听众集中注意力的一个方法是带领他们参与演讲，具体包括向他们提问、播放视频短片、进行角色扮演、开展问题讨论等。对话式的语气同样能够邀请听众参与到演讲当中。

通过你的举手投足间能够展现一种活力和生命力，因为只存在一个你，所以这种体现是独一无二的。

——玛莎·葛莱姆（美国女舞蹈家）

6

强而有力的结尾

我在第3章中谈到了吸引听众的演讲开场“五招式”——我们要在演讲一开始就与听众建立紧密的关系。根据首因效应，相对于中间内容，演讲的开头部分通常会给听众留下较深刻的印象。因此，演讲的开头很重要。但是，演讲的结尾部分同样重要。根据近因效应，人们会对发生在最近的事物印象最深，这就意味着相对于中间部分，听众更有可能记住演讲结束前的内容。通常来说，人们更擅长记住演讲的开头和结尾部分。我们的经历也确实如此。我们可以很容易地回想起自己最喜欢的某部电影的结局或者某场音乐会的最后一首歌曲，但是中间的情节和内容就有些记不太清了。原因是，对于听众来说，一场对话的结尾部分往往会占据更重要的地位。因此，一个强而有力的结尾具有十分重要的意义。在本章中，我将谈一谈如何使自己的演讲拥有一个强而有力的结尾。

有黏结力的结尾

真正有效的演讲能使听众产生某些变化。一个强而有力的结尾能够使得听众对演讲的内容产生共鸣，从而增加他们做出改变的概率。当你演讲的思想和能量传输到他人身上时——如果引起他们做出某些改变，就意味着你的想法与他们产生了共鸣。一旦如此，你的演讲内容便会不断深化激发听众的情感，使得听众离场后的很长一段时间，演讲内容仍然会对其产生影响，仿佛听众离开时将你的思想一同带走了。就算那些不是他们原有的想法，也会感觉仿佛是自己的一样。

演讲过程中与听众保持沟通的关系，直到呈现一个圆满的结尾，需要演讲者对听众具有较深刻的认识和理解。《沟通：用故事产生共鸣》（*Present Visual Stories that Transform Audience*）的作者、著名的杜瓦特设计公司CEO南希·杜瓦特（Nancy Duarte）曾说过，不要让听众去迎合你，而是你要去适应和迎合他们。经验丰富的演讲者能够抓住听众的所思和所想，然后使自己的思想与他们已有的思想产生共鸣。

设计一个具有黏结力的结尾是帮助听众对演讲留下较深印象的一个办法，它们更能与听众产生共鸣。畅销书《黏结力：思想的存亡》（*Made to Sticky:Why Some Ideas Survive and Others Die*）的作者驰普（Chip）和丹·赫尔斯（Dan Health）向读者推荐了使想法更具影响力以及令人更加难忘的关键便是内容的黏性。他们发现，具有黏结力的内容一般具备以下六个要素：内容简单、出人意料、翔实具体、可靠可信、调动情感、讲述故事。以上要素通常在演讲的全过程中获得不同程度的体现，尤其集中在结尾部分。演讲结束前的内容越具有黏性，听众记住它们以及采取相应行动的可能性就越大。接下来分别介绍一下这六个要素。

1. 内容简单

在没有必要的情况下尽量做到内容简单，尤其是演讲的结尾。听众此时已经听了很多内容，你要做的是尽可能地简化最后的结尾部分。具体设计时你可以考虑如何使用最少的元素达成最大的效果。赫尔斯兄弟认为，“简单关乎的是精致优雅和优先级，而不是过度简化。”我们要通过去除不必要的细节，揭示最后的核心观点，从而使演讲的结尾变得精致和考究。

2. 出人意料

也许你在演讲的开始部分运用了意料之外的力量唤起并激发了听众的好奇心，而结尾时则需给听众造成发出“哦，原来是这样”等感叹的结果，即要给出先前问题的回答并提供见解。也许你以一个扑朔迷离的故事作为演讲的开始，结尾时就需要去设法解开这个谜团，指引听众消除相关的疑惑和问题。演讲结束前，传统的做法是问听众“还有其他问题吗？如果没有，那我的演讲就到此为止，谢谢大家。”但是，我们应尽量避免这种“枯燥乏味”的结尾方式，任何不同的做法都会让听众感到小小的惊喜，而受到他们的欢迎。

（幻灯片中的照片来自iStockphoto。）

3. 翔实具体

许多演讲不成功的原因是内容过于抽象，结尾部分更应做到清晰和具体。演讲时避免使用专业术语，而应选择直接明了的语言文字。结尾部分不应给听众造成思维混乱的感觉。一个出色的结尾应该是简短而有力的，能够阐明主题或者核心观点。一张具有强烈影响力的图片也可以使抽象的内容变得具体化。

4. 可靠可信

如果拥有结构以及支撑的证据、数据等材料，那你的演讲会显得具有一定的可靠性和可信度。更重要的是，要将那些数据置于听众可以想象的恰当而明确的情境中去。使用引言、具有意义的数据或者来源可靠、能够支撑核心观点的短片来作为结尾是可信的，将取得不错的效果。给听众留下可靠、可信的印象的方法还包括给予他们必要的尊重，具体体现在按时结束演讲，穿着得体，以及使用友善、开放自然和礼貌的语言进行演讲等方面。

5. 调动情感

演讲绝不仅仅是信息的发布，因为如果听众所要获得的只是信息，那他们可以选择阅读你的书籍和报告、查阅手册或者浏览相关网站。因此，向听众呈现某个结论是不够的，还必须使他们获得某种感受（不包括痛苦地看着你无聊地总结幻灯片）。努力使演讲的结尾打动人，使听众感同身受，从而体会到演讲的重要性。赫尔斯兄弟说："通过信息调动人们情绪的目标就是使其意识到它们的重要性，能够激励人们做出某些行动。"在结尾处使用某个具体的例子或者讲述某个特定的故事是揭示以及强调演讲中心思想的一种方式，人们更多地会关注具体的事情，而不是概括性的内容。这是因为具体或特定的事件能够调动人们的同理心，使其对演讲的中心思想产生更深的印象。使用图片当然是一个不错的选择，它不仅便于听众理解概念，还有助于和演讲者的观点产生情感上的联系。

6. 讲述故事

许多人喜欢用一个最终结论来结束自己的演讲。这种做法会有一个问题，那就是当你在阐述论据的时候，听众会寻找你论证过程中的瑕疵。从某种意义上来说，这种做法向听众发出了反驳的邀请。演讲过程中需要对某一观点进行论证，但不是在最后结尾的时候。我们需要做的是希望听众能够走出会场后采取行动、做出改变。故事不是论据，它往往更能吸引人们参与演讲。设计一个能够凸显正在谈论的某个问题的故事，随后给出具体和真实的解决方法。讲故事的形式能够给人留下更加深刻的印象，与听众建立更加紧密的关系，从而影响人们做出改变。如果希望自己的思想得到传播，那就以故事的形式进行阐述吧。一些杰出的演讲者能够分别以讲述一个故事作为演讲的开头和结尾。一个穿着故事"外衣"的想法更易于被复制和传播。

如何做好演讲结尾

无论你以什么方式呈现演讲的结尾，都不要使自己疏远听众，而是要与他们保持亲密的关系。你可以走到舞台中央或者房间前面的位置，同时放慢语速，像与人交谈那样地看着听众，并保持高昂的热情。以下是我总结的几种常见的结尾方式。

呼应开头

许多演讲者会以结论（核心观点）作为演讲的开头。在这种情况下，演讲结尾可以重新回到结论的观点，即做到首尾呼应。如果是以一个具有感染力的故事作为演讲的开始，那同样可以在结尾的时候重提那个故事，从而支撑你所要阐述的观点和信息。

大多数演讲都控制在一小时以内完成，但我经常需要参加五小时甚至是一整天的研讨会。就我在日本参加的一次研讨会而言，我花了前两分钟时间展示那些成功的日本演讲者，他们有的很有名气，有的只是平民百姓。许多日本人以为西方人更擅长做图形化动态演示，只因日本文化并不在商业中鼓励这一做法，从而给自己寻找无法做好演讲的理由。在我展示几位成功的日本演讲者的例子以后，我提了这样的问题："你们也能同样成为一名优秀的演讲者吗？"同时用日语写下奥巴马的"你能！"的口头禅并投影在身后的大银幕上。这引起了听众的大笑，同时也是对他们的一种鼓励。

5～8个小时以后，听众接受了大量的信息，并认真学习了新的技能和概念。最后，我用一个简短的总结结束了研讨会。演讲还没结束时，我提出了与开始时相同的问题："你们能够成为一名优秀的演讲者吗？"同时在银幕上打出"你可以"的加粗字样。听众见后纷纷毫无犹豫地达成了共识："我们可以！"研讨会上涉及大量的信息和原则供与会者研究和讨论，但我更希望他们能够获得激励和启发，通过未来自学的方式不断探索和进步。

总结要点

在上学时，老师曾教我们做公共演讲的基本套路：1）告诉听众我们要说的内容；2）把自己的内容说出来；3）告诉他们我们说过的内容。这种所谓的演讲准则令人感到有些乏味。但是，回顾和总结仍旧具有一定的价值和意义。重复是人们获取知识的一个重要组成部分，因此，快速地回顾和总结之前提到的重要观点是必要的。但不要仅仅局限于此。在带领听众回顾了某些重要的内容之后，展示或者做一些出人意料的事情来加强这些观点对他们的影响，例如你可以呈现一张图片，以希望听众通过它来记住某个核心观点。

讲述故事

不要无止境地堆砌各种事实和数据，而是要向听众讲述能够体现核心内容的故事或轶事。最好的故事无不例外地拥有引人入胜的元素。故事内容要简洁明了，便于听众理解和投入，从而积极调动他们的情绪，使其对故事留下深刻的印象。一个好的故事都能做到这些。你之前可以通过一个故事提出问题，引出演讲的主题，随后使用另一个故事或者接着上一个故事针对那个问题给出答案。

逗乐听众

幽默虽然具有风险，但是裸演说具有更大的风险。可是，幽默本身并不像笑话那么“危险”。笑话，尤其是与演讲主题无关的笑话在大多数演讲场合下并不适合。但是如果通过一个离奇的例子、嘲讽的故事、撩人的图片或者加强观点的引言来使人发笑，演讲的结尾就会变得更加有力和有效。

专业喜剧演员提出的意见是，不要在没有测试之前就贸然尝试和展现新的事物。如果你有机会在国家电视台表演，那么不要选择在开头和结尾部分呈现令全国观众感到陌生的表演。要相信自己能够把演讲的结尾做好，否则演讲就不会取得成功。喜剧演员奥尼·亚当斯（Orny Adams）曾说：“如果自己不百分之百地相信自己，那就根本没法做好。”

旁征博引

演讲中插入名人名言能够增加演讲的可信度，这是传统的总结方法所不具备的效果。但是引言不必都得来自某个名人或者家喻户晓的名字。它们可以是你的某位客户甚至是某个孩子所讲过的话。只要它们能够调动听众的情感和说明问题，就能扩大演讲的核心信息。

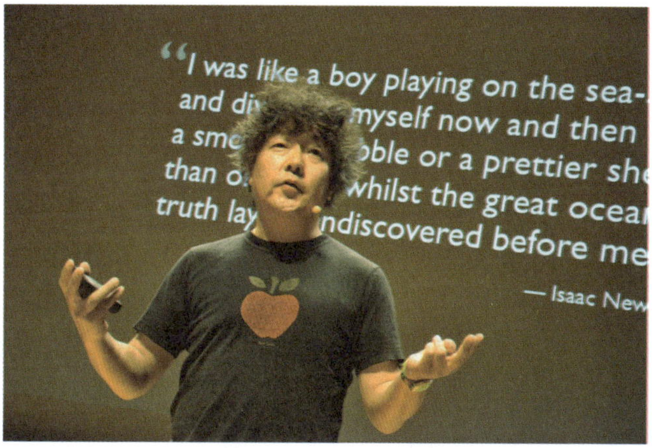

背后文字：I was like a boy playing on the sea-shore, and diverting myself now and then finding as moother pebble or a prettier shell than ordinary, whilst the great ocean of truth lay all undiscovered before me. ——Isaac Newton.

真理的大海，让未发现的一切事物躺卧在我的眼前，任我去探寻。

——艾萨克·牛顿

脑科学者茂木健一郎（Ken Mogi）在TED东京大会上演讲时，引用了这段富有意义的文字。

帕姆·斯里姆（Pam Slim）

帕姆·斯里姆是著名的演说家、博客作家、商业咨询师、畅销书《从办公室隔间逃离》（*Escape From Cubicle Nation*）的作者。

帕姆·斯里姆就演讲方面，尤其针对以英语为母语的人士如何向讲不同语言的听众呈现幻灯片演示给出了自己的建议。

向国际听众呈现演讲

这些年，即便是再小规模的企业也可以将办公室设在美国爱达荷州首府博伊西，雇佣一群来自不同国家的员工。比如雇佣一名澳大利亚设计师负责公司标志的设计工作，公司的产品生产线则被设在中国，而研发团队和电子商务专家则均来自印度，客户则有可能来自玻利维亚和白俄罗斯。

出生于北美的我曾旅居于世界其他许多地方，供职于不同的大型跨国公司，对于如何进行有效沟通有着自己的心得和体会。就裸演说而言，其中很大一部分就是要让听众体验和感受演讲者真实的声音。与听众文化无关的比喻会妨碍他们的理解，从而造成沟通困难。为了避免发生这种情况，请记住以下几点建议。

1. 不要使用棒球做类比

大多数人也许了解棒球这项运动，但他的影响力远不及足球那么大。如果你想用体育作为类比，请确保这项运动是听众最熟悉的。如果某位经理对着来自世界各地的听众在演讲中使用类似“击出球场”或“投掷弧线球”等比喻，我会觉得很恼火。生气的原因倒不是担心听众无法理解，而是因为演讲者没有花时间去设计一个适用于所有听众的比喻。

2. 避免使用“局限”的比喻和类比

有这样一个情况，当演讲者谈到某个商业思想时讲了一句美国俚语，意思为“其实这个想法很普通，并没有特别新奇的地方”时，如果听众是美国人，则会点头表示同意；但如果听众来自其他国家，则会挠头表示无法搞清其中的含义。因此，为了使听众理解你的内容，要避免使用具有局限性的“语言”。

3. 发音清晰

讲话时口齿清楚不仅便于那些将英语作为第二语言的听众的理解，其实对于所有听众来说都是如此。分享一个小贴士：讲话时面带微笑能使口齿变得更加清楚。

4. 恰当的互动

我第一次在欧洲讲课时，感觉自己就像一位充满敌意的喜剧演员。当时我十分积极地与学生进行互动、不断向他们提问时，每个问题就像一个秤砣压在他们身上，而他们则用冷漠的眼神看着我。课间休息时，我从同事那里得知这班学生来自世界各地——英格兰、法国、德国、荷兰和瑞士，他们认为较多人数的演讲往往很正式，而只有被分成了小组以后才愿意开口讲话。他们希望自己的导师准备充分、具备丰富的知识，而不是像一位脱口秀节目主持人。

让听众有事可做

在一次谈论改变思维状态的重要性，从而更好地应对演讲焦虑症时，为了强调通过做一些肢体动作来改变思维状态的观点，我要求听众起立并随着音乐一起跳动。事实证明，这种做法的效果很好。房间里的气氛顿时沸腾了起来，到处可见听众脸上的微笑，并能听到他们发出的笑声。也许你不必每次都要求听众起立，然后上下跳动，但至少应考虑一种能够使他们动起来做些事情的办法。

呼吁听众去行动

请记住，最优秀的演讲能够达到影响人们做出改变的效果。因此，在你试图通过演讲催生这些变化时，要做到清晰、直接而具体。比如说，在做一个关于如何保持体重、维持健康身体方面的演讲时，你可以在结尾处这样说："今晚请大家在临睡前列一张单子，在上面写出五种益于保持身体健康和精力充沛的生活方式，然后将它贴在冰箱上。"

鼓舞和激励听众

听众一般不希望你的演讲变成一场动员大会，但又希望自己获得某种程度的激励和鼓舞。一个积极的演讲结尾能够催人奋进，不断深入学习和研究。激励和鼓舞是积极而强大的情感体现，你必须在演讲中传递这种积极的信号。但是，它们又不同于影响，后者往往需要更长时间才能产生应有的效果。优秀的教师在试图影响学生的同时每天不断激励和鼓舞他们，因为这种以鼓舞的方式表现出来的情感能够促使人们做出改变。

提问与回答环节

演讲中不必都安排提问与回答的环节，但如果设置了该环节，则通常被放在演讲结尾的地方。但要注意，当最后一个问题并不十分切合主题，同时也不是你所希望听众关注的重点时，就要格外小心不要以此作为演说的结束。如果你的演讲很长且有自然的休息时间，那么提问与回答环节可以被安排在每块内容的最后，以缩短或消除该环节，通过这种方式你可以在演讲的整个过程中处理听众的问题。

即使你将问题留在演讲的最后时刻进行提问，也要确保在你回答完问题后，再次回到舞台的中央结束自己的演讲，这样的结束是有力的。相反，最无力的结束类似于："好吧，看上去大家都没什么问题了，那我们就此结束吧。谢谢大家的参与。"类似这样的话曾发生在数不清的演讲现场，包括会议厅、演讲厅和教室等。

相比于在最后向听众询问是否还有其他问题，然后出现全场鸦雀无声的尴尬情况，你可以更加坚定和自信地说："我们剩下的时间只够提一个问题了，谁来抓住这个提问机会呢？"或者邀请最先举手的那位听众："请你提最后一个问题好吗？"

在演讲的过程中，遇到听众提问时我们需要保持开放和积极的心态，展现真诚、透明、自信和谦逊的品质。以下是在提问与回答环节中需要注意的几点问题。

保持关系

实际上，在结束演讲前你已经花了时间努力与听众进行互动并建立关系，因此不要在演讲的结尾处表现得仿佛演讲已被提前画上了句号。而是要保持高昂的热情，继续与听众保持紧密的关系，坚持到演讲结束前的最后一刻。

简明扼要

在演讲中做到简明扼要是演讲者无法逃脱的责任，阐明自己的观点，然后继续下去。

安静聆听

当某个听众在讲话时，不要打断他，哪怕你很了解他的问题。让他把问题讲完。同时，记住在你回答问题前稍有短暂的停顿也是允许的，毕竟你需要一点时间思考。这是对话，不是比赛。

亲切友善

听众仍会在演讲结束前的那些时间里对你进行评价和判断。因此，你所说的话很重要。但是，听众也会记住你如何处理与听众间的关系，尤其当你表现得不耐烦或粗鲁的时候更会给他们留下十分不好的印象。“赤裸”意味着随意和友好，同时也体现为谦逊、亲切、友善和有礼貌。

坚定自信

除了应该表现得亲切友善和积极开放，还要记住你是控制现场的那个人。在某些听众无止境啰唆地讲述问题或者发表自己的看法时，你有责任进行及时的干预，确保讨论流畅地进行下去。

复述问题

当听众结束提问时，向其他听众复述一下问题能够体现你对听众的体贴和重视。这也是区分演讲高手和新手的一个方法。经验丰富的演讲者通过复述某位听众的意见或问题，来表现他们对听众的同理心以及注重当下的品质。同时，这也给演讲者正确理解听众提出的问题创造了机会。

轮流提问

你也可以向听众提问题。毕竟，演讲关乎的是一场对话，因此，鼓励人们参与其中吧。

知止

日本柔道的重要原则包括考虑周全、行动迅速和懂得把握停手的时机。如果提问和回答环节的时间被安排得太长，其影响力就会被削弱。如果听众确实有比较棘手或者重要的想法，那他们会等到演讲结束后找你交流。

日本合气道的启示

（日本合气道鼻祖植芝盛平。）

现代日本合气道能给人们的日常生活带来许多启示，包括如何处理棘手的问题等。合气道最早由植芝盛平（Morihei Ueshiba）先生创建于20世纪20年代，意思为“精神和谐的方式”。通常人们在道场进行合气道，但它同样可以被应用在日常生活中，教导人们如何获取和谐与宁静。合气道是对冲突的有效反馈，也是追求和谐的生活方式。

植芝盛平并不是因其体形硕大而是因其精湛和高超的技艺而被人们称为“大师”。约翰·史蒂文斯（John Stevens）在《日本武道秘技》（*Budo Secret*）一书中也认为这位合气道鼻祖还是一位哲学家和圣者，书中谈到他会花很多时间与学生交流关于合气道的深层次含义。植芝盛平说：“整个宇宙都教导我们关于合气道的方方面面，只是我们有时无法感知它们罢了。”他相信宇宙是人们最好的老师和朋友。合气道注重的是非暴力，强调融合而不是相抗对方的力量。“武士的目标不在于杀戮，而是扶持生命，使其不断延续。”在合气道中，习武者并不攻击对方。“如果你只想着通过先发制人的方式取胜，那只能证明你的训练还不够充分。”但是，合气道习武者在面对他人的攻击时也绝不会退缩。换句话说，合气道不是被动的，而是使对方先攻击，然后借助攻击者的力量和能量击倒对方。这样的话，人们就可以不用抵抗或者使用自己的蛮力就能打败对手。

以下是合气道对人际交流尤其是如何应对刁蛮难缠的听众等方面带给人们的七条启示。

1. 投入当下

理查德·穆恩（Richard Moon）在《生活的启示：合气道、和谐与生存之道》（*Life in Three Easy Lessons: Aikido, Harmony and Business of Living*）一书中把完全投入当下的行为称作“感知当下”。如果你真正地聆听听众、投入自己的演讲或与有质疑的听众进行交流，那你必须对当下的情形有十分清醒的认识和把握，包括对潜在的可能发生的情况做好准备。全神贯注地投入于当下的人具有较高的警觉度。穆恩说：“对当下的感知能够将自己的意识转变为注意力。”而作为演讲者，我们需要把注意力集中在台下的每一位听众身上，只有这样，我们的存在才能产生影响听众的力量。

2. 无关大小

合气道强调的不是强力或者蛮力。训练有素的合气道者在遇到力量比自己强大的对手时，能够不使力反抗而是通过调和、牵引和控制对手的力量来达到力量的相抵。你不必因为听众的偏见或者轻视而感到惊慌失措，也许你在演讲方面没有特别多的经验，但是这些都没有关系。重要的是，你要做好准备，全身心地投入自己的演讲，不仅用耳而且还要用心去聆听听众的需求。

3. 致力和谐

“气”可被翻译成“生命力”“活力”，或者更常见的“精神”“精力”。世间万物无不流淌着这种悸动的能量。合气道教导学生如何与宇宙的精气和谐相处，并从中汲取而不是对抗这股生命力。合气道强调的力量和能量并不是指身体本身所具有的十分有限的力气，而是“气”的无穷力量。“我们无法控制‘气’，但可以在体内营造使‘气’运作的环境。”已故的合气道大师Kensho Furuya曾这样说。适当的放松、沉静和全神贯注将有助于使能量在全身上下蔓延。

4. 避免防御

如果听众中有好斗的甚至对你不怀好意的人，不要以同样的方式去回应他，因为这种强强对抗是没有用的。如果你感到了来自听众的压力（生气、恐惧、不耐烦和愤怒等防御性情绪），思绪就会变得浑浊，行动包括讲话也会变得冲动而失去理智，而且还会做出傻事。请记住，我们的演讲不关乎输赢，而是展现“事物的本质”。在提问与回答以及讨论环节，我们和那些质疑我们观点的人一样，注重的是事实和真理。如果我们演讲时真正展现了真诚、正直以及良好的意图，就不必害怕所谓的暴露，因为我们没有躲藏的意义。我们的目标不在于支配和控制他人和环境，而是更多地考虑如何与他们协同与合作。因此要保持冷静，慎重地对上述情况做出回应，避免在情绪上产生过激的反应。穆恩说：“当我们保持冷静和精力集中时，冲动和固执就会让步于忍耐和理解。”

5. 保持平衡

适当的呼吸有助于“气”在全身上下的流淌。随时注意练习呼吸，尤其感觉到他人的攻击或威胁导致情绪即将失控时，更要学会调整呼吸的节奏。丹田（或称气海穴）位于肚脐以下约三指的地方，是人体的中心。它就像一个人体内置的罗盘，你需要在物体和心理上使其保持平衡。因此，当你面对一个棘手的问题时不能有所偏移，任何失衡都将令你感到（并且看起来）无助和无力，尽管你自己有时候并没有意识到这一点。在你呼吸时，试着想象“气”都集中在了丹田的位置。这也是人们开展各种形式的冥思所惯用的一个方法。

6. 以人为友

那些对我们的观点和看法提出质疑的听众并不是我们的敌人。真正的敌人只有我们自己。某位合气道大师曾说：“我不知道如何击败对手，我只知道如何取胜自己。”他相信通过持之以恒的练习可以挫败所有的攻击；同时也明白，真正的敌人只存在于自己身上——恐惧、自我怀疑、生气、迷糊、嫉妒，以及其他任何碍于“气”在全身徜徉的负面情绪。听众不是我们的敌人；相反，我们要设法为其着想，创造更大的福利。武术倡导对手间的相互尊重。合气道者能够通过调和对手的力量挫败对方，而不对其造成伤害。如果你想着互相打斗，那么就会做出抵抗的举动。打斗只会加深冲突，造成能量和精力的浪费，并最终无功而返。打斗的方式无法改变人们内心的想法。

7. 顺其自然

也许“顺其自然”在人们看来只是20世纪60年代一个时髦的词语，但它确实具有一定的实用价值。它并不意味着被动采取举动，事实刚好相反。顺其自然要求人们全身心地投入和自我觉醒，能够辨识事物的真实面目。记住，宇宙和自然都是我们最好的老师。比如说溪流的能量，它可以平缓地穿过森林，逾越岸边的岩石和其他各种障碍。再比如说森林里的竹子，竹干在大风中四处摇摆却不会被折断。当你内心获得了平静时，就会与周遭的事物产生和谐的关系，体内的力量和能量就会自然地流淌。但是，如果你一旦产生了抵触和反抗的心理，就会给自己制造压力，引起能量的紊乱和随之一系列的负面结果。在工作和生活中，企图让其他人蒙羞或者犯错是不道德所为，也是不明智之举。

尤其在提问和回答环节，当听众的问题充满质疑甚至敌意时，我们也没有任何理由感到惊慌和恐惧。记住，使自己失去平衡和理智的只可能是自己本身。

下面是我在做一个关于如何应对棘手的提问以及管理压力的非正式演讲时用到的几张幻灯片。

（图片中的英文：应对来自他人的敌意。）

恐惧　生气　安定　和睦

真正的威胁并不来自他人，而是自己。在演讲或者会议过程中，我们无法控制他人，但可以使自己保持平衡、安定和稳固。正如铃木·大拙说的：“人们要在活动中体现和谐，有和谐才有安宁。”
（幻灯片中的照片来自iStockphoto。）

我在生活中得到启示。

——圣雄甘地（Mahatma Gandhi）

本章小结

- 当你的想法和能量传递给听众并造成他们做出某些改变时，你演讲的内容就在听众中间引起了反响。但是，保持与他们建立的关系直到演讲结束的那一刻，并且做出短而有力的结尾的前提是你要十分了解自己的听众。

- 给听众留下最深印象的想法和演讲内容具备以下六个特点：内容简单、出人意料、翔实具体、可靠可信、调动情感和讲述故事。演讲的结尾越是引人入胜，听众就越有可能记住你的演讲，并且做出你所希望的举动。

- 无论选择以何种方式结尾，都不要疏远听众，而是继续与其保持紧密的关系。乐观积极的结尾能给听众带来希望和鼓舞，激励他们今后不断学习和探索。

- 如果把提问和讨论环节留在了演讲最后，则要确保自己在回答完最后一个问题后再次回到舞台，为演讲画上正式的句号。

我的朋友，抛弃你先入为主和固化的思想，变得客观、中立吧。你知道这个杯子为何有用？因为它是空的。

——李小龙（美籍华人演员）

7

持之以恒不断进步

日本文化和生活方式等方面处处体现着“Gambaru”的理念。日语单词Gambaru的字面意思是坚持于某项任务直至其完成，即持之以恒直到取得胜利。日语口语“gambette”经常被用来鼓励人们在日常工作、体育比赛以及复习迎考中“尽力而为”“努力奋斗”和“永不言败”。川流不息、滴水穿石的道理同样反映了持之以恒的巨大力量。人们相信，在日本教育界和商业界，只要人们永不放弃和竭尽全力地去拼搏，任何人都能取得进步和提高。成功有时不会来得太快，重要的是我们需要全力以赴、持之以恒地为之奋斗。

不仅仅是日本文化强调和重视坚持的品质，法国著名心理学家爱德华·德·波诺（Edward De Bono）通过自己丰富的经验也总结出成功人士一般都具有以下两大品质：自我激励和持之以恒。他说：“持之以恒是成功人士所必备的品质，他们往往将挫折视作无关紧要的小事，不断努力、积极拼搏，直到达成既定的目标。”内在激励是持之以恒的驱动力。

被《纽约时报》评为畅销书作者的丹尼尔·平克（Daniel Pink）也将持之以恒视作获取成功所必需的一项重要能力。他在《强尼历险记》（*The Adventures of Johnny Bunko*）一书中谈到，要想取得成功，个人的天资固然重要，但更重要的是坚持不懈和持之以恒的品格。内心自我激励的动力越强大，就越容易坚持下去；坚持越久，就越容易获得成功。也许成功的方法和途径不尽相同，但是拥抱“不断努力和持之以恒”的精神能够使我们的目标变得更加清晰和集中。“坚持并非指不断重复地使用同一种策略，”畅销书作者赛斯·高汀（Seth Godin）说，“而是为一个不变的目标不断努力和奋斗。”

凭借持之以恒地流淌，溪流不会停歇。让我们像溪流那样奔流不息吧。

学无止境

通过持之以恒，人们可以在幻灯片演示和公共演讲方面取得优异的成绩。但是，现代教育对于不断发展的演讲技能的研究给予了较少的关注。类似开设课程或者举办研讨会来探索讲故事、进行结构化的叙述，以及设计强影响力的视觉影像以扩大叙事效果的情况基本不存在。但这没有关系，因为我们完全可以通过自己的努力，学习学校里所没有教授的知识。

在工作和生活中，那些成功人士即便离开了学校也继续接受着各种教育，这就是所谓的终身学习。即活到老，学到老；学无止境，学海无涯。内心的自我激励以及持之以恒向来具有十分重要的意义。在当今以互联网应用为代表的数字时代，获取资源和数据信息十分便捷，许多资源很低廉甚至完全免费。因此，我们没有理由再使用过去那些陈旧的、令人感到乏味的方式进行幻灯片演示或者演讲。在我们身边以不同的方式使演讲具有更好效果的例子随处可见。

人人都能进步

比尔·盖茨是一位拥有伟大梦想和聪慧头脑的人，也是我崇拜的偶像之一。尽管他具有许多卓越的才能和巨大的贡献，但有效地进行幻灯片演示似乎一直是他的一个“软肋”。苹果公司前CEO吉尔·阿米里奥（Gil Amelio）曾在1998年这样评价比尔·盖茨：“他站在讲桌前的感觉很糟糕。”但是从2009年以来，情况似乎发生了一些变化。同年，在菲律宾的长滩岛举行的TED大会上，我发现，比尔·盖茨做的那场演讲与先前相比更加引人入胜，他不再采取过去惯用的要点式幻灯片（虽然仍需改进）。2009年10月，我们发现他在演讲方面取得了更大的进步，尤其在幻灯片的设计方面更是发生了巨大的变化。

2009年秋天，比尔和他的妻子梅琳达在华盛顿向观众呈现了一场精彩的演讲，他们的幻灯片设计精良，影响深远，解释了为何说自己是“不耐烦的乐观主义者”。演讲巧妙地融合了数据和事例说明了世界正变得更加美好的观点。但是仍有以下两个问题：其一，节奏偏慢；其二，并不适用于每位听众。那就是他们所说的“不耐烦的乐观主义者”的含义。在简洁明了的幻灯片和视频短片的帮助下，盖茨夫妇成功地呈现了关于人是如何发生了改变的好消息。

比尔·盖茨在2010年TED大会上的演讲取得了更大的进步。他运用了逻辑、推理、结构和幽默等原则，在陈述问题、挑战以及解决方案时使用某个例子或者讲述故事等方式做进一步阐述。幻灯片内容十分简洁，但画面不失影响力，给人留下了深刻的印象。

盖茨是当今世界上最具影响力和富有的人之一，但他仍然通过自己的努力在幻灯片演示方面不断取得进步，使自己成为一名更有效力、自然和引人入胜的演讲者。当你尝试改变世界时，你的演讲需要做得格外出色。

空杯心态

要想学会以一种更加“赤裸”的方式呈现演讲，我们首先要抛弃那些妨碍进步的旧习惯和规则。曾经流传着这样一个古老的故事：有位大学教授专程拜访日本禅学大师，向他询问关于禅的含义。那位禅学大师给他沏了杯茶，然后提起水壶继续往杯中倒水。那位教授不出声地看着杯子里的水不断地往外溢出，最后终于忍不住说出“杯子里的水已经满了，请别再倒了。”而那位大师却回答道：“就像这个杯子里的水一样，你满脑子都是属于自己的观点和推断，如果不首先清空它们，我又如何向你解释禅的意义呢？”

的确，如果我们的生活是一只装满了水的杯子，那么将无法学到任何新的知识。新技能、新方法以及新的思维方式都将被禁锢起来。在人们确定、骄傲、自大和满足于过去和已知的事物面前，那些看似疯狂的想法和卓越的远见没有任何存在的空间和出现的机会。“清空茶杯”的思想要求我们愿意放弃固有的、自以为最好或者唯一的思维或想法。《星球大战》中的绝地大师尤达曾经讲过：“你必须学会抛弃已经学会的知识。”

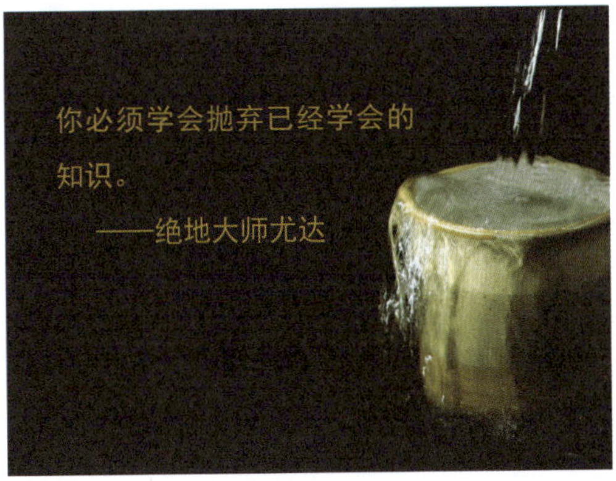

这张幻灯片将倒空杯子和抛弃已有知识的思想结合了起来。
（图片来源：iStockphoto。）

日本柔道的启示

三船久藏（Kyuzo Mifune）（1883—1965）是日本柔道界最著名的一代宗师之一。他身材并不高大，年迈时却仍能击败体形比他魁梧的年轻对手。根据约翰·史蒂文斯在《日本武道秘技》中的记载，三船久藏经常使用一种叫作“空掷”的技巧，这种技巧源于球体的完美运转。“球体在快速旋转时，球心始终保持在同一位置，不抵抗外界的力量。”柔道（Judo）在日语中是“柔之道”的意思，就是“温柔的方式”。柔道推崇“以柔克刚”的宗旨，通过适应多变的环境以及借助对手的力量达到取胜的目的。

以下是三船久藏在柔道中倡导的、所应遵循的七条规则，它们同样可以被运用到人们的日常工作和生活当中去，包括公共演讲和领导团队。例如，蔑视听众的做法将大大降低个人的可靠度，因为真正的谦虚是实力的体现，而自大和自满则是软弱的表征。这七条值得大家思考的规则如下。

1. 不要在意对手
2. 不要失去信心
3. 保持正确的体位
4. 提高速度
5. 全方位投射力量
6. 自我控制
7. 坚持操练

没有所谓的秘籍和绝招

无论我们谈论的是商业、演讲还是生活，都没有所谓一劳永逸的解决问题的方法。刻苦学习、坚持操练、致力于不断的进步是必不可少的。就这点来说，柔道能给我们每一个人带来启示。三船久藏说过："不要寄望于找到所谓的秘籍，持之以恒的练习才是取胜的关键。"

相信这些

电影《星球大战V》中有这样一个场景：当绝地大师尤达轻而易举地使卢克·天行者的X翼星际战斗机从沼泽中脱险后，卢克十分惊讶地说："我不相信。"尤达听后深深地叹了一口气，说道："这就是你失败的原因。"这句话给我留下了深刻的印象。最简单的事情往往是按照既定办法操作，而在演讲等交流活动中以更加自然的方式进行则具有一定的风险，因为你将充分地暴露在听众面前，透明而赤裸。也许这种做法并不能确保每次都能取得成功，但是我们要相信自己和所采取的方式与方法。信仰也许不是获得成功的唯一要素，但却是必不可少的一个条件。

自己努力

著名作家阿西莫夫（Isaac Asimov）教授曾说过："我坚信，只有自我教育才是真正意义上的教育。"我认为这句话所传达的精神恰好适用于当今这个时代。教师和学校教育固然是必要的，但纵观人的一生，我们所获得的知识和技能都源自对知识不懈的渴望和追求，并从中汲取养料为自己所用。自我教育对于终身学习和取得不断进步具有重要的意义。

对于持之以恒的人来说，在他们身边到处充满着知识和灵感。

（幻灯片中的照片来自iStockphoto。）

魅力演讲，自然呈现

本书的主题是如何自然地呈现演讲——在演讲中展示更多自己的个性，以此引起听众的注意，并帮助他们更好地理解和记忆，从而扩大演讲内容的影响力。简言之，我们需要做到以下三点：做出贡献、建立关系和制造变化。

做出贡献

有人认为自己被邀请上台演讲或演说是一种负担，至少是无法推脱的义务，这种态度是不对的。我们应把演讲或演说视作改变他人和做出贡献的机会。我们人类为能有做出贡献的机会而生。贡献的对象不是我们自己，而是听众。通过做好充分的准备以示对他们的尊重，通过分享自己的经历以示对他们的关注。不要对自己有任何的怀疑，不要担心自己做得是否足够出色，毕竟胜败不是演讲的重点。波士顿交响乐指挥家本杰明•赞德（Benjamin Zander）曾以类似的话鼓励他的学生，他说："我们的存在为的是做出贡献，这是我们的职责。我们不在乎能否让他人留下深刻的印象，也不关乎能否获得下一个工作，我们所要做的只是贡献自己的一份力量。"这种理念也可以被运用到幻灯片演示方面。

建立关系

做出贡献和分享观点要求我们与听众建立关系。没有建立关系，就没有为他们做出贡献的可能。如果与听众建立了实在而持久的关系，就能为自己做出贡献创造机会，使其生根发芽。

制造变化

通过贡献自己使事物发生变化，使他人做出改变。有时这种改变是巨大的，有时又是难以察觉的，但却都是真实的。真诚的作为和贡献能够带来积极的变化，正是这些点滴的贡献汇聚在一起推动人类不断向前发展和进步。

演讲是一门艺术，因人而异

我一直以为，与其将演讲当作一门科学，不如将它当作一门艺术。那什么是艺术？赛斯·高汀（Seth Godin）在一次与大卫·赛特曼·伽兰德（David Siteman Garland）的对话中谈到："艺术是一项慷慨的行为，关乎的是与他人建立关系并促使其发生改变。"我们可以把自己的工作变为一门艺术，但如果只是简单地遵循固有的规则、保守地照章办事，我们的所为就会缺少必要的联系和新意，也谈不上是艺术了。出色的幻灯片演示是一件艺术品，因为演讲者带着贡献和慷慨的态度与听众建立关系，帮助他们做出改变。粗劣的演讲十分常见，它们的内容制作马虎，演讲者呈现时墨守成规，无法给人留下深刻的印象。但没人会因为演讲做得平淡保守、死扣规矩而丢掉工作，至少在过去是这样，但现在是全新的时代。创造艺术的是那些杰出的专业人士以及各种希望制造不同的人们——教师、医生、工程师、救援人员商务人士，等等。今天，人们有更多的机会去与听众建立关系，并促成他们做出长久的改变。换言之，人们创造艺术的机会比过去任何时候都要多。